알고 보니
경록이다

우리나라 부동산전문교육의 본산 경록 1957

머리말

매년 99% 문제가 경록 교재에서!!

경록 교재는 공인중개사사 시험 통계작성 이후 26년간 매년 99% 문제가 출제되는 독보적 정답률을 기록한 유일한 교재입니다. 경록은 우리나라 부동산 교육의 본산이며 경록교재는 우리나라 부동산교육의 정통한 역사를 이끌어가는 오리지널 교재입니다.

이 교재는 우리나라 부동산교육의 본산인 경록의 67년간 축적된 전문성을 기반으로 130여 명의 역대 최대 '시험출제위원 부동신학 대학교수그룹'이 제작, 해미다 완성도를 높여가며 시험을 리드하는 교재입니다.

특히 경록의 온라인과정 전문기획인강은 언택트시대를 리드하는 뉴 트렌드가 되었습니다. 업계 최초로 1998년부터 〈경록 + MBN TV 족집게강좌〉 8년, 현재까지 27년차 검증된 99%족집게강좌입니다.
일반 학원의 6개월에 1회 수강과정을 경록에서는 1개월마다 2회 반복완성이 가능합니다.

경록의 전문성이 곧 합격의 지름길로 이끌어 드립니다. 성공은 경록과 함께 시작됩니다.

여러분의 건투를 빕니다.

지속가능한 직업
공인중개사

▍공인중개사란

🔍 공인중개사?
공인중개사법령에 의한 공인중개사자격을 취득한 자를 말한다(「공인중개사법」 제2조 제2항).

🔍 중개업?
중개업은 다른 사람의 의뢰에 의하여 일정한 보수를 받고 중개대상물에 대한 거래당사자 간의 매매, 교환, 임대차 그 밖의 권리의 득실변경에 관한 행위의 알선을 업으로 하는 것이다(「공인중개사법」 제2조 제1호, 제3호 참조).

🔍 중개대상물?

토지	건축물 그 밖의 토지의 정착물	입목
광업재단	공장재단	분양권	입주권

(대판 2000.6.19. 2000도837 등 참조)

▍개업 공인중개사 업역
(「공인중개사법」 제14조 참조)

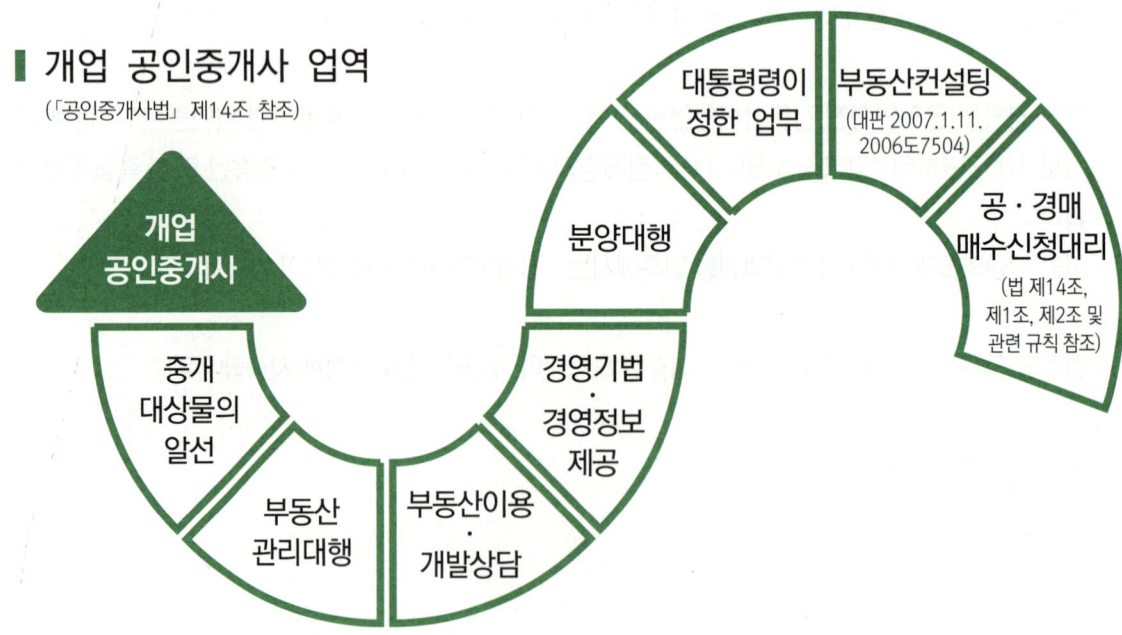

개업(창업)

중개업의 개업은 공인중개사시험에 합격한 후 소정의 교육을 받고, 개설코자 하는 사무소 소재지 시·군·구청에 "사무소" 개설 등록을 하면 된다.

개인중개사무소, 합동중개사무소, 법인중개사무소를 개설하여 영위할 수 있다.

세상에는 수많은 직업이 있으나 돈이 되고, 시장규모가 크고, 경제성이 높고, 일반 진입이 용이한 직업은 거의 없다.

100세가 되어도 건강하면 경제활동이 가능하고, 시장규모가 크고, 높은 경제성이 있고, 일반 진입이 가능한 직업은 공인중개사뿐이다.

법정취업

- 개인중개사무소, 합동중개사무소, 법인공인중개사무소의 소속공인중개사로 취업
  11만 4천여 개(법인 포함) 중개업체의 소속공인중개사, 법인의 사원 또는 임원으로 취업(2021현재)
- 특수 중개법인 취업(「공인중개사법」 제9조 참조)
  - **지역농업협동조합** : 농지의 매매·교환·임대차 업무
  - **산림조합** : 임야, 입목의 매매·교환 업무
  - **산업단지관리기관** : "산단" 내 공장용지·건축물의 매매·임대차 업무
  - **자산관리공사** : 금융회사 부실자산 등 비업무용 부동산의 매매 업무

일반취업(가산점 등)

공인중개사 수요는 경제성장과 함께 폭발적으로 증가한다.

국내외 부동산투자회사, 부동산투자신탁회사, LH토지주택공사, SH공사 등 각 지자체공사, 금융기관, 보험기관 등에서 유자격자를 내부적으로 보직 고려나 승급 시 가산점을 부여한다.

일반기업, 공무원 등에서 보직 참고, 승급 등의 업무소양을 가늠하는 전문자격 및 직능향상 기능을 한다.

탁월한 선택

경록의 선택은 탁월한 선택입니다. 우리나라 부동산교육의 본산으로서 65년 전통과 축적된 전문성, 그리고 국내 최대 전문가 그룹이 서포트합니다.

부동산학을 독자연구 정립하고, 최초로 한국부동산학회를 설립하였으며 대학원에 최초로 독립학과를 설립 교육하고, 공인중개사 제도를 주창, 시험시행 전부터 교육해 시험을 리드한 역사적 전통과 축적을 이룬 기관은 경록뿐입니다(설립자 김영진 박사 1957~현재).

공인중개사 시험

■ 시험일정 : 매년 1회 1, 2차 동시 시행

시험 시행기관 등	인터넷 시험접수	시험일자	응시자격
• 법률근거 : 공인중개사법 • 주무부 : 국토교통부 • 시행기관 : 한국산업인력공단	• 매년 8월 둘째 주 5일간 • 특별추가 접수기간 : 별도 공지 일정은 변경될 수 있음	매년 10월 마지막 토요일	학력, 연령, 내·외국인 제한 없이 누구나 가능 (법에 의한 응시자격 결격사유에 해당하는 자는 제외)

※ 큐넷(http://www.q-net.or.kr) 참조, 이상의 일정 등은 변경될 수 있습니다.

■ 시험과목 및 시험방법

구 분	시험과목	시험방법	문항 수	시험시간	휴대
1차 시험 1교시 (2과목)	■ 부동산학개론 (부동산감정평가론 포함) ■ 민법 및 민사특별법 중 부동산중개에 관련되는 규정	객관식 5지선다형	과목당 40문항 (1번~80번)	100분 (9:30~11:10)	계산기
2차 시험 1교시 (2과목)	■ 공인중개사의 업무 및 부동산거래신고 등에 관한 법령·중개실무 ■ 부동산공법 중 부동산중개에 관련되는 규정		과목당 40문항 (1번~80번)	100분 (13:00~14:40)	
2차 시험 2교시 (1과목)	■ 부동산공시에 관한 법령(「부동산등기법」, 「공간정보의 구축 및 관리등에 관한 법률」) 및 부동산 관련 세법		40문항 (1번~40번)	50분 (15:30~16:20)	

※ 답안작성 시 법령이 필요한 경우는 시험시행일 현재 시행되고 있는 법령을 기준으로 작성

주의사항
1. 수험자는 반드시 입실시간까지 입실하여야 함(시험시작 이후 입실 불가)
2. 개인별 좌석배치도는 입실시간 20분 전에 해당 교실 칠판에 별도 부착함
3. 위 시험시간은 일반응시자 기준이며, 장애인 등 장애유형에 따라 편의제공 및 시험시간 연장가능 (장애 유형별 편의제공 및 시험시간 연장 등 세부내용은 큐넷 공인중개사 홈페이지 공지사항 참조)

▌합격기준

구분	합격결정기준
1차 시험	매 과목 100점을 만점으로 하여 매 과목 40점 이상, 전 과목 평균 60점 이상 득점한 자
2차 시험	

▌시험과목 및 출제비율

구 분	시험과목	출제범위	출제비율
1차 시험 (2과목)	부동산학개론 (부동산감정평가론 포함)	부동산학개론	85% 내외
		부동산감정평가론	15% 내외
	민법 및 민사특별법 중 부동산중개에 관련되는 규정	민법(총칙 중 법률행위, 질권을 제외한 물권법, 계약법 중 총칙·매매·교환·임대차)	85% 내외
		민사특별법(주택임대차보호법, 집합건물의 소유 및 관리에 관한 법률, 가등기담보 등에 관한 법률, 부동산 실권리자명의 등기에 관한 법률, 상가건물 임대차보호법)	15% 내외
2차 시험 (3과목)	공인중개사의 업무 및 부동산거래신고 등에 관한 법령·중개실무	공인중개사법, 부동산거래신고 등에 관한 법률	70% 내외
		중개실무	30% 내외
	부동산공법 중 부동산중개에 관련되는 규정	국토의 계획 및 이용에 관한 법률	30% 내외
		도시개발법, 도시 및 주거환경정비법	30% 내외
		주택법, 건축법, 농지법	40% 내외
	부동산공시에 관한 법령 (「부동산등기법」, 「공간정보의 구축 및 관리등에 관한 법률」) 및 부동산 관련 세법	부동산등기법	30% 내외
		공간정보의 구축 및 관리 등에 관한 법률 (제2장 제4절 및 제3장)	30% 내외
		부동산 관련 세법(상속세, 증여세, 법인세, 부가가치세 제외)	40% 내외

차 례

Part 1 공인중개사법령

제1장 총칙

1강 중개업의 연혁/중개사법 성격·목적 ·················· 4
2강 용어의 정의(Ⅰ) ·················· 5
3강 용어의 정의(Ⅱ) ·················· 6
4강 용어의 정의(Ⅲ) ·················· 7
5강 공인중개사 정책심의 위원회(Ⅰ) ·················· 8
6강 공인중개사 정책심의 위원회(Ⅱ) ·················· 9
7강 중개대상물(Ⅰ) ·················· 12
8강 중개대상물(Ⅱ) ·················· 14

제2장 공인중개사

9강 공인중개사 시험 ·················· 16
10강 시험의 시행 및 공고 ·················· 18
11강 합격자 결정 및 자격증 교부 ·················· 20

제3장 중개업

12강 중개사무소 개설 등록 ·················· 22
13강 법인등록기준 ·················· 23
14강 등록의 기속성 등 ·················· 23
15강 업무개시/양도·대여금지 ·················· 25
16강 결격사유(Ⅰ) ·················· 27
17강 결격사유(Ⅱ) ·················· 28
18강 결격사유(Ⅲ) ·················· 29
19강 업무지역/법인의 겸업 ·················· 30
20강 중개사무소(Ⅰ) ·················· 32
21강 중개사무소(Ⅱ) ·················· 34
22강 표시광고 모니터링 ·················· 36

23강	고용인	38
24강	인장등록/등록증 등의 게시의무	39
25강	중개사무소 이전	41
26강	휴업 및 폐업신고	43
27강	일반중개계약	45
28강	전속중개계약	46
29강	부동산거래 정보망(Ⅰ)	48
30강	부동산거래 정보망(Ⅱ)	49
31강	확인·설명 및 확인·설명서 작성의무(Ⅰ)	52
32강	확인·설명 및 확인·설명서 작성의무(Ⅱ)	53
33강	개업공인중개사 기본윤리	57
34강	업무보증금액	58
35강	계약금 등의 예치	59
36강	실무교육	61
37강	직무교육	63
38강	금지행위(Ⅰ)	65
39강	금지행위(Ⅱ)	65
40강	금지행위(Ⅲ)	66
41강	부동산거래질서교란행위신고센터	68
42강	중개보수(Ⅰ)	70
43강	중개보수(Ⅱ)	71

제4장 지도·감독

44강	지도·감독	74
45강	행정처분	75
46강	자격취소	76
47강	자격정지	78
48강	등록취소	79
49강	업무정지	81
50강	행정처분의 승계	83
51강	보칙	84

제5장 공인중개사협회

- 52강 공인중개사협회 ··· 88
- 53강 공제사업(Ⅰ) ·· 90
- 54강 공제사업(Ⅱ) ·· 92
- 55강 공제사업(Ⅲ) ·· 94

제6장 벌칙

- 56강 행정형벌 ·· 97
- 57강 행정질서벌 ··· 99

Part 2 부동산거래신고 등에 관한 법률

제1장 총칙

- 58강 총칙 ··· 104

제2장 부동산거래신고

- 59강 거래당사자의 신고의무 ·· 107
- 60강 개업공인중개사의 신고의무 ·· 108
- 61강 계약해제등 신고 ··· 110
- 62강 가격의 검증/신고내용의 조사 ··· 112
- 63강 정정신청/변경신고 ·· 115
- 64강 주택임대차계약신고 ··· 117
- 65강 부동산거래계약신고서 ·· 121

제3장 외국인등의 부동산 취득특례

- 66강 외국인 부동산 등의 부동산 취득특례 ·· 125

제4장 토지거래허가

- 67강 토지거래허가 지정 및 절차 ········· 128
- 68강 토지거래허가(Ⅰ) ········· 130
- 69강 토지거래허가(Ⅱ) ········· 132
- 70강 토지거래허가(Ⅲ) ········· 134
- 71강 허가의 불복 등 ········· 136
- 72강 토지이용에 관한 의무 ········· 138
- 73강 의무이행명령 ········· 140
- 74강 지가동향조사 ········· 141

제5장 정보관리 및 보칙

- 75강 정보관리/보칙(Ⅰ) ········· 145
- 76강 보칙(Ⅱ) ········· 147

제6장 벌칙

- 77강 행정형벌 ········· 149
- 78강 자진신고자에 대한 감면 등 ········· 151

Part 3 중개실무

제1장 중개실무 총론

- 79강 중개실무 총론 ········· 156

제2장 중개계약

- 80강 중개계약 ········· 158

제3장 중개대상물 조사·분석

- 81강 목적 및 절차/공부상 조사 ········· 161
- 82강 현장조사(Ⅰ) ········· 163
- 83강 현장조사(Ⅱ) ········· 165
- 84강 확인·설명서 작성방법(Ⅰ) ········· 167
- 85강 확인·설명서 작성방법(Ⅱ) ········· 169
- 86강 확인·설명서 작성방법(Ⅲ) ········· 172

제4장 중개대상물 중개기법

87강 중개기법 ··· 175

제5장 부동산거래계약

88강 부동산거래계약 ··· 178
89강 부동산전자계약 ··· 180

제6장 부동산거래 관련 제도

90강 부동산등기 특별조치법 ·· 182
91강 부동산실권리자 명의등기에 관한 법률 ························ 184
92강 주택임대차 보호법(Ⅰ) ··· 187
93강 주택임대차 보호법(Ⅱ) ··· 188
94강 주택임대차 보호법(Ⅲ) ··· 190
95강 주택임대차 보호법(Ⅳ) ··· 193
96강 주택임대차 보호법(Ⅳ) ··· 195
97강 상가건물임대차 보호법(Ⅰ) ··· 197
98강 상가건물임대차 보호법(Ⅱ) ··· 199
99강 상가건물임대차 보호법(Ⅲ) ··· 200
100강 상가건물임대차 보호법(Ⅳ) ··· 203
101강 기타 부동산 거래 관련법규 ·· 205

제7장 부동산 경매 및 공매

102강 경매제도(Ⅰ) ··· 207
103강 경매제도(Ⅱ) ··· 208
104강 법원경매 절차 ··· 210
105강 매수신청 대리 대법원 규칙(Ⅰ) ···································· 211
106강 매수신청 대리 대법원 규칙(Ⅱ) ···································· 213
107강 매수신청 대리 대법원 규칙(Ⅲ) ···································· 215
108강 매수신청 대리 대법원 규칙(Ⅳ) ···································· 217

PART 01 공인중개사법령

출제비율

68%

	구 분	25회	26회	27회	28회	29회	30회	31회	32회	33회	34회	계	비율(%)
공인 중개사 법령	제1장 총칙	3	2	3	3	2	3	1	2	3	3	25	6.3
	제2장 공인중개사	0	1	1	1	0	1	2	0	1	0	7	1.8
	제3장 중개업	16	18	16	20	19	13	21	16	11	16	166	41.5
	제4장 지도·감독	5	7	5	4	5	5	2	5	5	3	46	11.5
	제5장 공인중개사협회	3	0	1	0	1	3	0	2	1	1	12	3.0
	제6장 벌칙	1	2	2	2	2	1	2	2	1	0	15	3.8
	소 계	28	30	28	30	29	26	28	27	22	23	271	67.8

총 칙

1강
중개업의 연혁
중개사법
성격·목적

▶중개업의 연혁

→ 객주(중개업의 효시 : 고려시대)

→ 객주거간(조선 초기)

→ 가쾌, 집주름(조선 후기)

→ 객주·거간규칙(중개업에 관한 최초 법령 : 1890)

→ 객주·거간인가제(1893)

→ 소개영업취체규칙(1922, 허가제)

→ 소개영업법(1961, 신고제)

→ 부동산중개업법(1983, 허가제 → 등록제)

→ 공인중개사법(2014. 등록제)

▶공인중개사법의 성격

- 일반법(기본법)적인 성격
- 특별법적인 성격
- 중간법(공법과 사법의 혼합)

▶공인중개사법령의 구성

[1] **법령** : 법(법률), 시행령(대통령령), 시행규칙(국토교통부령)

[2] **조례** : 시·도 조례, 시·군·구 조례

▶**제정 목적**

(1) 공인중개사의 업무 등에 관한 사항을 정하여(직접)

(2) 전문성을 제고하고 부동산중개업을 건전하게 육성하여(간접)

(3) 국민경제에 이바지함을 목적으로 함(궁극적)

▶**중 개**

중개대상물에 대하여 거래당사자 간에 매매, 교환, 임대차, 그 밖의 권리의 득실변경에 관한 행위를 알선하는 것

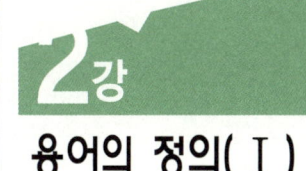

2강
용어의 정의(Ⅰ)

▶**중개의 유형**

1 **상사중개와 민사중개**(거래행위의 성격에 따라)

2 **지시중개와 참여중개**(개입정도에 따라)

▶ **중개와 다른 개념과의 비교**

	다른 개념의 특징	중 개	공통점
위임	• 신뢰관계를 기초 • 무상이 원칙 • 적극적 사무처리의무	• 신뢰관계를 기초로 하지 않음 • 유상이 원칙	• 선관주의 의무 • 타인의 사무처리
대리	• 거래당사자 • 법률행위에 해당	• 단순한 제3자 • 사실행위에 해당	• 거래성립 조력
고용	• 일의 완성과 무관하게 보수 지급 • 지시를 받음	• 일의 완성이 있어야 보수 지급 • 지시를 받지 않음	• 타인을 위해 노무 제공
도급	• 수급인 : 일의 완성의무 • 도급인 : 수령의무	• 개업공인중개사 - 일의 완성의무 없음 • 의뢰인 - 급부거절가능	• 일의 완성이 있어야 보수 지급
현상 광고	• 광고의 방법으로 청약 • 불특정 다수인에 청약	• 청약이 반드시 광고의 방법이 아님 • 특정인에게 청약	• 일의 완성이 있어야 보수 지급

3강 용어의 정의(Ⅱ)

▶공인중개사
이 법에 의한 공인중개사 자격을 취득한 자

▶중개업
다른 사람의 의뢰에 의하여 일정한 보수를 받고 중개를 업으로 행하는 것

▶중개업과 관련한 판례

〈판례 1〉 타인의 의뢰에 의하여 일정한 보수를 받고 저당권의 설정에 관한 행위의 알선을 업으로 하는 경우에는 중개업에 해당하고, 그 행위가 금전소비대차의 알선에 부수하여 이루어졌다 하더라도 중개업 해당함

〈판례 2〉 알선·중개를 업으로 하였는지의 여부는 알선·중개 행위의 반복·계속성, 영업성 등의 유무와 그 행위의 목적이나 규모, 횟수, 기간, 태양(態樣) 등 여러 사정을 종합적으로 고려하여 사회통념에 따라 판단해야 함

〈판례 3〉 우연한 기회에 단 한번 건물전세계약의 중개를 하고 보수를 받았더라도 중개업이 아님

〈판례 4〉 거래당사자들로부터 보수를 현실적으로 받지 아니하고 단지 보수를 받을 것을 약속하거나 거래당사자들에게 보수를 요구하는 데 그친 경우 중개업에 해당한다고 할 수 없고 무등록 중개행위로 처벌할 수 없음

4강 용어의 정의(Ⅲ)

▶개업공인중개사

1 정 의

이 법에 의하여 중개사무소 개설 등록한 자

2 법인인 개업공인중개사

법인으로서 중개사무소 개설 등록한 자

(1) 일반법인 : 이 법에 의한 등록기준을 갖추어 등록한 법인

(2) 특수법인 : 다른 법률에 의해 중개업을 할 수 있는 법인

특수법인	관련법	중개업무의 종류 및 등록 여부
지역농업협동조합	농업협동조합법	• 농지의 매매·교환, 임대차 • 등록 여부 - 등록 불요 • 보증설정 - 1천만원
지역산림조합	산림조합법	• 임야, 입목의 매매·교환 • 등록 여부 - 등록 불요
산업단지관리기관	산업집적활성화 및 공장설립에 관한 법률	산업단지 내의 공장용지, 공장건물의 매매, 임대차(등록 불요)
자산관리공사	한국자산관리공사의 설립에 관한 법률	• 비업무용 부동산의 매매 • 등록 여부 - 등록 불요

3 공인중개사인 개업공인중개사

공인중개사로서 중개사무소 개설 등록한 자

4 부칙에 의한 개업공인중개사

공인중개사 자격증이 없으나 소개영업법에 의해 중개업을 영위하는 자

5강 공인중개사 정책심의위원회(Ⅰ)

▶소속공인중개사 및 중개보조원

1 소속공인중개사

개업공인중개사에 소속된 공인중개사(개업공인중개사인 법인의 사원 또는 임원으로서 공인중개사인 자를 포함)로서 중개업무를 수행하거나 개업공인중개사의 중개업무를 보조하는 자

2 중개보조원

공인중개사가 아닌 자로서 개업공인중개사에 소속되어 중개대상물에 대한 현장안내 및 일반서무 등 개업공인중개사의 중개업무와 관련된 단순한 업무를 보조하는 자

▶공인중개사정책심의위원회

1 설 치

공인중개사의 업무에 관한 사항을 심의. 국토교통부에 둘 수 있음

2 심의사항

- 공인중개사의 시험 등 **공인**중개사의 자격취득에 관한 사항
  (시·도지사 준수의무)
- 부동산 **중**개업의 육성에 관한 사항
- 중개보수 **변**경에 관한 사항
- **손**해배상책임의 보장 등에 관한 사항

▶정책심의위원회의 구성 및 운영

1 구성 및 운영

대통령령으로 정함

2 심의위원회의 구성

위원장 1명을 포함하여 7명 이상 11명 이내의 위원

(1) **위원장** : 국토교통부 제1차관

(2) **위 원** : 국토교통부장관이 임명하거나 위촉

(3) **임 기** : 임기는 2년으로 하되, 보궐위원의 임기는 전임위원 임기의 남은 기간으로 함(국토교통부 공무원인 경우 제외)

▶심의위원회 위원 자격

- 국토교통부의 4급 이상 또는 이에 상당하는 공무원이나 고위공무원단에 속하는 일반직공무원
- 부교수 이상의 직(職)에 재직하고 있는 사람
- 변호사 또는 공인회계사의 자격이 있는 사람
- 공인중개사협회에서 추천하는 사람
- 자격시험의 시행에 관한 업무를 위탁받은 기관의 장이 추천하는 사람
- 비영리민간단체에서 추천한 사람
- 소비자단체 또는 한국소비자원의 임직원으로 재직하고 있는 사람

▶위원의 제척, 기피, 회피

(1) **제 척** : 배제시키는 것
 - 제척사유에 해당하는 경우에는 심의위원회의 심의·의결에서 제척(除斥)됨

(2) **기 피** : 배제를 요구하는 것

(3) **회 피** : 스스로 빠지는 것

6강
공인중개사 정책심의위원회(Ⅰ)

▶ 제척사유

- 위원 또는 그 배우자나 배우자이었던 사람이 해당 안건의 당사자(당사자가 법인·단체 등인 경우에는 그 임원을 포함)가 되거나 그 안건의 당사자와 공동권리자 또는 공동의무자인 경우
- 해당 안건의 당사자(당사자가 법인·단체 등인 경우에는 그 임원을 포함)와 친족이거나 친족이었던 경우
- 해당 안건에 대하여 증언, 진술, 자문, 조사, 연구, 용역 또는 감정을 한 경우
- 위원이나 위원이 속한 법인·단체 등이 해당 안건의 당사자의 대리인이거나 대리인이었던 경우

▶ 위원의 기피 및 회피

1 기피신청

- 안건의 당사자는 위원에게 공정한 심의·의결을 기대하기 어려운 사정이 있는 경우 심의위원회에 기피신청을 할 수 있음
- 심의위원회는 의결로 이를 결정

2 회 피

제척사유에 해당하는 경우 스스로 해당 안건의 심의·의결에서 회피하여야 함

3 해 촉

국토교통부장관은 위원이 제척사유에 해당하는 데에도 불구하고 회피하지 아니한 경우에는 해당 위원을 해촉(解囑)할 수 있음

▶ 위원장의 직무 등

1 위원장의 직무

- 위원장은 심의위원회를 대표하고, 심의위원회의 업무를 총괄
- 위원장이 부득이한 사유로 직무를 수행할 수 없을 때에는 위원장이 미리 지명한 위원이 그 직무를 대행

2 심의위원회의 운영

- 위원장은 심의위원회의 회의를 소집하고, 그 의장이 됨
- 심의위원회의 회의는 재적위원 과반수의 출석으로 개의하고, 출석위원 과반수의 찬성으로 의결

3 회의개최 통보

- 위원장은 심의위원회의 회의를 소집하려면 회의 개최 7일 전까지 회의의 일시, 장소 및 안건을 각 위원에게 통보
- 다만, 긴급하게 개최하여야 하거나 부득이한 사유가 있는 경우에는 회의 개최 전날까지 통보할 수 있음

▶ 관계전문가의 출석, 간사 및 수당

1 관계전문가의 출석

위원장은 심의에 필요하다고 인정하는 경우 관계 전문가를 출석하게 하여 의견을 듣거나 의견제출을 요청할 수 있음

2 간 사

- 심의위원회에 심의위원회의 사무를 처리할 간사 1명을 둠
- 간사는 심의위원회의 위원장이 국토교통부 소속 공무원 중에서 지명

▶ 수당 및 운영세칙

1 수당 등

- 심의위원회에 출석한 위원 및 관계 전문가에게는 예산의 범위에서 수당과 여비를 지급할 수 있음
- 공무원인 위원인 경우 제외

2 운영세칙

이 영에서 규정한 사항 외에 심의위원회의 운영 등에 필요한 사항은 심의위원회 의결을 거쳐 위원장이 정함

7강 중개대상물(Ⅰ)

▶ 중개대상물

1. **법정 중개대상물** : 토지, 건축물 그 밖의 토지의 정착물, 입목, 광업재단, 공장재단
2. 중개대상물이 아닌 것을 중개한 경우 「공인중개사법」에 위반되지 않으며 「공인중개사법」이 적용되지 않음

▶ 토지

(1) **토 지** : 토지의 일부도 중개대상물에 해당

(2) **판 례**

택지개발지구 내에 이주자택지를 공급받을 수 있는 지위인 대토권은 중개대상물에 포함되지 않음(대판 2011.5.26.)

▶ 건축물

(1) 「민법」상 건물이어야 함. 장래 건축 예정인 건물(분양권)도 중개대상물에 해당

(2) 판 례
볼트조립 방식 등을 사용하여 철제 파이프 또는 철골의 기둥을 세우고 2면이나 3면에 천막이나 유리 등으로 된 구조물로서 부벽이라 할 만한 것이 없고 볼트만 해체하면 쉽게 토지로부터 분리·철거가 가능한 세차장 구조물은 중개대상물이 아님(대판 2009.1.15.)

▶그 밖의 토지의 정착물
- 담장, 축대, 교량 등과 수목의 집단, 미분리 과실, 농작물 등이 있음
- 수목의 집단 등은 명인방법을 갖춘 경우 중개대상물임

    > 판례 명인방법을 갖춘 수목집단은 토지와 독립하여 거래의 대상이 되는 토지의 정착물이므로, 이는 「공인중개사법」에 의한 중개대상물에 해당함(2004. 사건 04-01961)

▶입 목
(1) **입 목** : 「입목에 관한 법률」에 의하여 등기된 수목

(2) **입목 등기** : 입목등록원부에 등록한 것에 한하여 등기 가능

(3) **입목등기 여부 확인** : 토지등기부 표제부를 통해 확인 가능

(4) **법정지상권** : 입목소유자와 토지소유자가 달라진 경우

(5) **저당권 설정**
- 저당권 설정시 보험에 붙여야
- 벌채한 입목에도 저당권의 효력이 있음
- 벌채한 입목은 이행기가 도래되지 않아도 경매 신청가능(대금은 공탁)

(6) **권리포기 제한** : 지상권자 또는 토지의 임차인에게 속하는 입목이 저당권의 목적이 된 경우(저당권자 승낙 얻어야)

8강 중개대상물(Ⅱ)

▶공장재단 및 광업재단

1 공장재단 및 광업재단

(1) **의 의** : 「공장 및 광업재단 저당법」에 의해 등기된 재단

(2) **재단의 설정** : 공장소유자는 하나 또는 둘 이상의 공장으로 재단을 설정하여 저당권의 목적으로 할 수 있음

(3) **구성물의 양도금지** : 재단의 구성물은 분리하여 양도하거나 소유권 외의 권리, 압류, 가압류, 가처분의 목적으로 하지 못함

(4) **재단이 여러 개의 공장으로 이루어진 경우**
- 소유자가 다른 공장도 하나의 재단으로 등기 가능
- 경매 시 각 공장을 개별적으로 매각 가능

(5) **재단목록** : 등기부의 일부로 봄. 재단목록과 현장확인을 통해 일치 여부 확인

(6) **저당권 설정**
- 재단등기 후 10월 이내에 저당권설정
- 설정하지 않을 경우 재단등기 효력 소멸

▶중개대상권리

1 종류

저당권, 전세권, 지상권, 지역권, 임차권, 환매권

2 분양권

장래 건축될 건물도 포함되므로 아파트의 특정 동호수에 대하여 피분양자가 선정되고 분양계약이 체결된 경우 중개대상물이 됨(대판 2005.5.27.)

3 입주권

- 당첨권 : 추첨기일에 신청하여 당첨된 권리(당첨권)는 중개대상물이 아님
- 재개발(재건축) 입주권 : 중개대상물에 해당됨

▶중개대상물이 아닌 것

1 사적 거래가 불가능한 것

국유재산 중 행정재산·보존재산, 공유수면·공도, 포락지, 미채굴 광물, 무주부동산 등

2 중개행위의 개입 여지가 없는 것

국유재산 중 일반재산, 경매·공매대상 부동산, 공용수용, 상속 및 증여 대상 부동산

3 이 법령에서 규정하지 않은 것

어업재단, 항만운송사업재단, 선박, 항공기, 건설기계, 자동차, 권리금 등

▶중개대상 권리가 아닌 것

(1) 점유권, 질권, 분묘기지권, 법정지상권(성립), 법정저당권(성립), 유치권(성립)

(2) 특허권, 지적재산권, 대토권

공인중개사

9강 공인중개사 시험

▶ **시험시행기관**

1 원칙(시·도지사)

공인중개사가 되고자 하는 자는 시·도지사가 시행하는 시험에 합격하여야 함

2 예외(국토교통부장관)

시험 수준의 균형유지 등을 위하여 직접 시험문제를 출제하거나 시험을 시행할 수 있음(미리 정책심의위원회 의결)

3 위 탁

공기업 또는 준정부기관, 공인중개사협회에 위탁. 위탁한 때 관보에 고시

▶ **응시자격**

1 응시자격 : 미성년자, 외국인 모두 가능

2 응시자격 제한

- 자격취소자 : 취소된 날부터 3년
- 부정행위자
    - 무효처분 받은 날로부터 5년
    - 시험시행기관장은 시험을 무효로 하고 지체없이 다른 시험기관장에게 통보

▶시험의 출제 및 채점

1 출제위원 임명 및 위촉

시험시행기관장은 중개업무와 관련하여 학식과 경험이 풍부한 자 중에서 출제위원을 임명 또는 위촉할 수 있음

2 출제위원의 준수의무

시험시행기관장이 요구하는 유의사항 및 서약서 등에 따른 준수사항을 성실히 이행하여야 함

3 신뢰도를 저하시킨 출제위원의 조치

시험시행기관장은 명단을 다른 시험시행기관장 및 당해 출제위원이 소속하고 있는 기관의 장에게 통보(5년간 위촉금지)

▶구분실시와 동시실시

1 구분실시(원칙)

1차 시험과 2차 시험으로 구분하여 시행

2 동시실시(예외)

- 시험시행기관장이 필요하다고 인정하는 때에는 동시에 실시할 수도 있음
- 1차 시험 불합격한 자의 2차 시험은 무효로 함
- 1차 시험에 합격한 자는 다음 회의 시험에 한하여 1차 시험을 면제

10강 시험의 시행 및 공고

▶시험출제의 원칙

1 1차 시험
선택형을 원칙. 주관식 단답형 또는 기입형을 가미

2 2차 시험
논문형을 원칙. 주관식 단답형 또는 기입형을 가미

3 동시실시의 예외
2차 시험 선택형을 원칙으로 하되 주관식 단답형 또는 기입형을 가미할 수 있음

▶시험의 시행 및 공고

1 시험의 시행
- 매년 1회 이상 실시
- 시험시행기관장은 부득이한 사유가 있는 경우 당해 연도 시험을 실시하지 않을 수도 있음(정책심의위원회 의결)

2 시험의 공고 : 관보, 일간신문, 방송 중 하나 이상에 공고
- 개략적 사항 공고 : 매년 2월 말일까지
- 시행 공고 : 시험시행일 90일 전

▶응시원서 제출 및 수수료 납부

1 응시원서 제출
시험에 응시하고자 하는 자

2 수수료의 납부

- **원칙**: 지방자치단체의 조례가 정하는 수수료를 납부
- **국토교통부장관이 시행**: 국토교통부장관이 결정·공고하는 수수료를 납부
- **위탁**: 당해 업무를 위탁받은 자가 위탁한 자의 승인을 얻어 결정·공고하는 수수료를 각각 납부

3 수수료 반환

시험시행기관장은 응시 의사를 철회하는 경우에는 국토교통부령이 정하는 바에 따라 응시수수료의 전부 또는 일부를 반환하여야 함

4 반환 절차 및 방법

시험시행공고에서 정함

5 응시수수료 반환기준

- 수수료를 과오납한 경우에는 그 과오납한 금액의 전부
- 시험 시행기관의 귀책사유로 응시하지 못한 경우에는 납입한 수수료의 전부
- 응시원서 접수기간 내에 접수를 취소하는 경우에는 납입한 수수료의 전부
- 응시원서 접수마감일의 다음 날부터 7일 이내에 접수를 취소하는 경우에는 납입한 수수료의 100분의 60
- 7일의 기간을 경과한 날부터 시험시행일 10일 전까지 접수를 취소하는 경우에는 납입한 수수료의 100분의 50

11강 합격자 결정 및 자격증 교부

▶합격자 결정 방법

1 일반적인 합격자 결정

1차, 2차 구분 각 과목별 40점 이상 평균 60점 이상

2 선발예정인원을 공고

- 시험시행기관장이 정책심의위원회 의결을 거쳐 공고
- 공인중개사 수급상 필요하다고 인정하는 경우
- 2차 시험에 한해 매 과목 40점 이상인 자 중에서 선발예정인원의 범위 안에서 전 과목 총득점의 고득점자순으로 합격자를 결정
- 동점자는 모두 합격자 처리

3 최소선발인원 또는 최소선발비율을 공고한 경우

- 응시생의 형평성 확보를 위하여, 정책심의위원회의 의결을 거쳐 공고
- 제2차 시험에 있어서는 매 과목 100점을 만점으로 하여 매과목 40점 이상, 전 과목 평균 60점 이상 득점한 자를 합격자로 결정
- 위 점수로 득점한 자가 최소선발인원 또는 최소선발비율에 미달되는 경우에는 매 과목 40점 이상인 자 중 최소선발인원 또는 최소선발비율의 범위 안에서 전과목 총득점의 고득점자 순으로 합격자 결정

▶합격자 공고 및 자격증 교부

1 합격자 공고 : 시험시행기관장이 공고

2 자격증의 교부

- 시·도지사는 합격자 공고일로부터 1월 이내에 자격증교부대장에 기재한 후, 교부
- 자격증교부대장은 전자적 처리가 가능하도록 관리

▶자격증 재교부

1 자격증의 재교부
자격증을 잃어버리거나 그 자격증을 못 쓰게 된 때, 자격증을 교부한 시·도지사에게 재교부신청을 할 수 있음

2 수수료 납부
- 지방자치단체의 조례로 정하는 수수료를 납부하여야 함
- 재교부를 위탁한 경우 위탁받은 자가 위탁한 자의 승인을 얻어 결정. 공고하는 수수료를 납부하여야 함

▶자격증 양도대여

1 양도대여, 알선 금지
- 공인중개사는 다른 사람에게 자기의 성명을 사용하여 중개업무를 하게 하거나 자기의 자격증을 양도 또는 대여하거나 알선하여서는 아니 됨
- 위반 시 : 양도 또는 대여 시 자격 취소며, 1년 이하의 징역 또는 1천만원 이하의 벌금

2 양수 금지
- 누구든지 다른 사람의 자격증을 양수하거나 대여받아 이를 사용하여서는 아니 됨
- 위반 시 : 1년 이하의 징역 또는 1천만원 이하 벌금

▶유사명칭 사용 금지
- 공인중개사가 아닌 자는 공인중개사 또는 이와 유사한 명칭을 사용하지 못함
- 위반시 : 1년 이하 징역 또는 1천만원 이하의 벌금
- 무자격자가 명함에 대표라는 명칭을 사용한 경우 이에 해당

중개업

제3장
경록 족집게 교수노트

12강 중개사무소 개설 등록

▶중개사무소 개설 등록

1 등록의 특징

1인 1등록주의, 일신전속적, 1인 1사무소 원칙, 적법요건, 기속적

2 등록신청할 수 있는 자

- 공인중개사(소속공인중개사 제외) 및 법인
- 변호사도 공인중개사 자격을 취득하여야 등록 가능

3 등록관청

사무소를 두고자 하는 지역을 관할하는 시장·군수·구청장

▶공인중개사의 등록기준(대통령령)

1 등록신청일 전 1년 이내에 실시하는 실무교육을 받았을 것(실무수습 포함)

2 건축물대장(가설건축물대장 제외)에 기재된 건물(준공검사, 준공인가, 사용승인, 사용검사 등을 받은 건물로 건축물대장에 기재되기 전의 건물 포함)에 중개사무소를 확보(소유, 전세, 임대차 또는 사용대차 등의 방법으로 사용권 확보)할 것

13강 법인등록기준

▶**법인의 등록기준**(대통령령, 특수법인 제외)

(1) 상법상 회사 또는 협동조합기본법상의 협동조합(사회적 협동조합 제외)으로서 자본금 5천만원 이상일 것
(2) 법 제14조에 규정된 업무만을 영위할 목적으로 설립할 것
(3) 대표자는 공인중개사이어야 하고 대표자를 제외한 사원 또는 임원의 3분의 1 이상이 공인중개사일 것
(4) 사원 또는 임원 및 분사무소 책임자가 등록신청일 전(분사무소의 경우 설치 신고 전) 1년 이내에 실시하는 실무교육을 받았을 것(실무수습 포함)
(5) 건축물대장(가설건축물대장은 제외)에 기재된 건물(준공검사, 준공인가, 사용승인, 사용검사 등을 받은 건물로서 건축물대장에 기재되기 전의 건물을 포함)에 중개사무소를 확보(소유, 전세, 임대차, 사용대차 등의 방법에 의하여 사용권을 확보)할 것

14강 등록의 기속성 등

▶**등록의 기속성**

등록관청은 다음에 해당하는 경우를 제외하고는 개설등록을 하여야 함
- 공인중개사 또는 법인이 아닌 자가 중개사무소의 개설등록을 신청한 경우
- 중개사무소의 개설등록을 신청한 자가 결격사유의 어느 하나에 해당하는 경우
- 개설등록기준에 적합하지 아니한 경우
- 그 밖에 이 법 또는 다른 법령에 따른 제한에 위반되는 경우

▶**등록신청시 첨부서면**

1 공 통
- 등록신청일 전 1년 이내에 교육을 받은 실무교육수료확인증 사본
- 여권용 사진
- 중개사무소의 확보를 증명하는 서류

2 외국인 및 외국법인

- 결격사유에 해당하지 아니함을 증명하는 서류(외국인에 한함)
- 상법 제614조 규정에 의한 영업소 등기를 증명하는 서류(외국법인에 한함)

3 제출서류가 아닌 것

- 자격증 사본(등록관청이 자격증을 발급한 시·도지사에게 자격취득 여부 확인)
- 건축물대장과 법인등기사항증명서(담당공무원이 확인)

▶개설등록 통지 및 종별변경

1 개설등록 통지 : 등록신청일로부터 7일 이내에 서면으로 통지

2 종별 전환

- 원칙 : 등록신청서 다시 제출(등록증 반납, 이미 제출된 서류 제출하지 않음)
- 부칙 개업공인중개사의 특례 : 공인중개사 자격 취득하여 동일 관할 구역 내에서 공인중개사인 개업공인중개사로 중개업을 하고자 할 때 등록증 재교부신청을 하여야 함(변경서류 및 등록증 첨부)

▶등록증 교부 및 재교부

1 등록증 교부

- 업무보증 설정 여부를 확인하고 지체없이 등록증 교부하여야 함
- 개설등록 대장에 기재하고 교부하여야 함
- 등록대장은 전자적 처리가 가능하도록 관리하여야 함

2 등록증 재교부(지자체의 조례로 정하는 수수료 납부)

- 분실, 훼손 : 등록증 첨부하지 않음(재교부신청 할 수 있음)
- 기재사항 변경 : 등록증 첨부(재교부신청 하여야 함)

▶등록절차

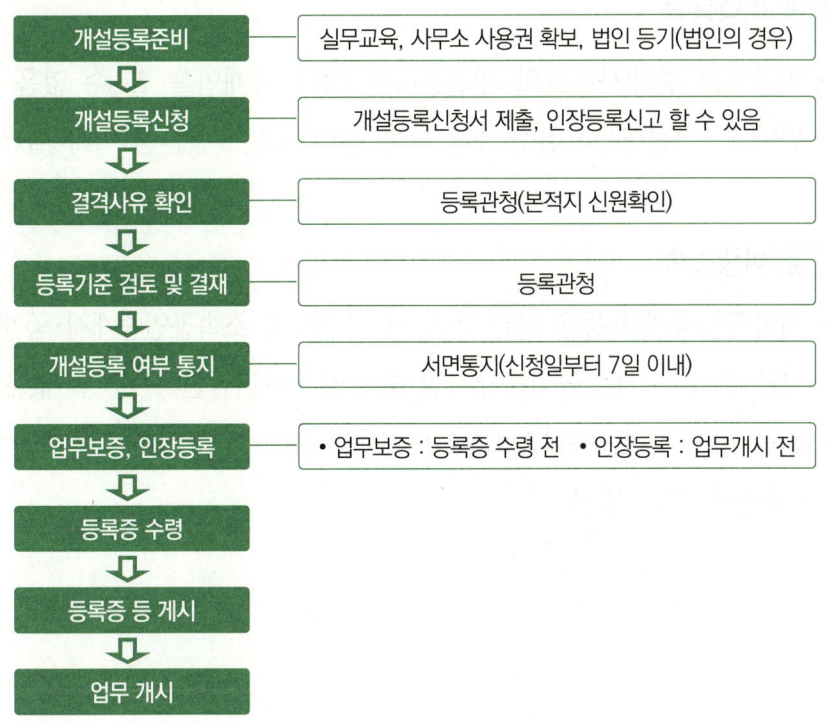

▶업무개시 및 등록사항 등의 통보

1 업무개시
등록 후 3월 초과하여 업무개시 못할 경우 휴업신고

2 등록사항 통보
등록관청은 다음달 10일까지 공인중개사협회에 통보

3 통보사항
등록증 교부사항, 사무소 **이**전신고 사항, **휴**·폐업사항, **분**사무소 설치 신고 사항, **고**용인신고사항, **행**정처분(등록취소, 업무정지) 사항

15강
업무개시
양도·대여금지

▶이중등록 및 이중소속

1 이중등록

- 이중으로 중개사무소의 개설등록을 하여 중개업을 할 수 없음
- 위반 시 : 절대등록취소, 1년 이하 징역 또는 1천만원 이하 벌금

2 이중소속

- 개업공인중개사 등은 다른 개업공인중개사의 소속공인중개사·중개보조원 또는 개업공인중개사인 법인의 사원·임원이 될 수 없음
- 위반 시 : 절대등록취소(소속공인중개사 자격정지), 1년 이하 징역 또는 1천만원 이하 벌금

▶등록증 양도, 대여, 양수 금지

1 양도, 대여 금지

- 개업공인중개사는 다른 사람에게 자기의 성명 또는 상호를 사용하여 중개업무를 하게 하거나 자기의 등록증을 양도 또는 대여하거나 알선하여서는 아니 됨
- 위반 시 : 양도, 대여 - 절대등록취소, 1년 이하 징역 또는 1천만원 이하 벌금

2 양수 금지

- 누구든지 다른 사람의 성명 또는 상호를 사용하여 중개업무를 하거나 다른 사람의 등록증을 양수 또는 대여받아 이를 사용하는 행위를 하여서는 아니 됨
- 위반 시 : 1년 이하 징역 또는 1천만원 이하 벌금

▶ 등록의 효력소멸 및 무등록

1 효력소멸

사망하거나 법인이 해산, 폐업신고, 등록취소

2 무등록 유형

- 등록하지 않고 중개업을 한 경우
- 등록 효력이 소멸되고 난 후 중개업을 하는 경우
- 등록 신청한 상태에서 등록통지 전에 중개업을 하는 경우

3 무등록업자의 보수청구권 및 형벌

- 중개보수에 대한 청구권이 없음
- 보수약정은 무효임(우연한 기회에 알선하고 보수받은 것은 유효)
- 형벌 : 3년 이하의 징역 또는 3천만원 이하의 벌금

▶ 결격사유

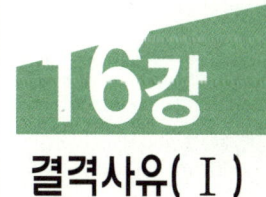

16강
결격사유(Ⅰ)

1 개업공인중개사

개설등록을 할 수 없음, 절대등록취소

2 고용인

사원 또는 임원 및 중개보조원, 소속공인중개사로 종사할 수 없음

3 관계기관의 조회 : 등록관청이 조회할 수 있음

▶ 제한능력자

1 미성년자 : 만 19세 미만(의제성년 인정 안 됨)

2 피한정후견인 및 피성년후견인

(1) 피한정후견인 : 질병 등으로 인한 정신적 제약으로 사무를 처리할 능력이 부족한 사람에 대하여 법원의 심판을 받은 자

(2) 피성년후견인 : 질병 등으로 인한 정신적 제약으로 사무를 처리할 능력이 지속적으로 결여된 사람에 대하여 법원의 심판을 받은 자

> 주의 피특정후견인은 결격사유자가 아님

▶ 파산선고를 받고 복권되지 않은 자

1 파산선고

파산선고를 받은 자는 결격사유에 해당, 복권되면 결격사유에서 바로 벗어남

2 복권되는 방법

- 면책 결정
- 복권 판결(채무를 모두 변제하고 복권신청을 한 경우 판결)
- 10년 경과

> 주의 회생은 결격사유에 해당하지 않음

▶ 형벌을 받은 자

1 금고 이상의 실형의 선고를 받고 그 집행이 종료(집행이 종료된 것으로 보는 경우를 포함)되거나 집행이 면제된 날부터 3년이 경과되지 아니한 자

17강 결격사유(Ⅱ)

2 금고 이상의 형의 집행유예를 받고 그 유예기간 중에 있는 자

- 집행유예기간 중에 다른 범죄를 저지르지 않은 경우 형의 선고의 효력이 실효됨
- 그 유예기간이 만료된 날부터 2년이 지나지 아니한 경우 결격사유에 해당
- 선고유예는 결격사유에 해당하지 않음

▶이 법 위반하여 처분 또는 형벌을 받은 자

1 자격취소
이 법에 의하여 자격취소 후 3년이 경과되지 않은 자

2 자격정지
공인중개사의 자격이 정지된 자로서 자격정지기간 중에 있는 자

3 등록취소
이 법에 의하여 등록취소 후 3년이 경과되지 않은 자

(1) **3년 적용되지 않는 것** : 사망·해산, 등록기준미달, 결격사유로 등록 취소되는 경우

(2) **폐업기간 공제** : 폐업신고 후 다시 등록한 개업공인중개사가 폐업 전의 행위로 등록취소된 경우 그 폐업기간을 공제한 기간만 적용

4 업무정지 후 폐업신고
업무정지처분을 받고 폐업신고를 한 자로서 업무정지기간(폐업에 불구하고 진행되는 것으로 봄)이 경과되지 아니한 자

18강
결격사유(Ⅲ)

5 업무정지 사유발생 당시 법인의 사원 또는 임원

업무정지처분을 받은 개업공인중개사인 법인의 업무정지의 사유가 발생한 당시의 사원 또는 임원이었던 자로서 당해 개업공인중개사에 대한 업무정지기간이 경과되지 아니한 자

6 벌 칙

(1) 이 법 위반 벌금형

이 법에 위반하여 300만원 이상의 벌금형의 선고를 받고 3년이 경과되지 않은 자

(2) 이 법과 타법의 동시 위반 시

다른 죄의 경합범(競合犯)에 대하여 벌금형을 선고하는 경우에는 이를 분리 선고하여야 함

(3) 사원·임원이 결격사유인 경우

2개월 내에 그 사유를 해소하면 등록취소 안 됨

19강 업무지역 법인의 겸업

▶ 업무지역

1 공인중개사인 개업공인중개사 및 법인인 개업공인중개사 : 전국

2 부칙에 의한 개업공인중개사

- 사무소 소재지 특별시·광역시·도내의 중개대상물에 한해서 중개를 할 수 있음
- 부동산거래정보망에 가입하고, 그 정보망을 이용하여 중개하는 경우는 정보망에 공개된 대상물은 관할구역 외라도 중개할 수 있음

▶개인인 개업공인중개사의 겸업

1 개인인 개업공인중개사

공인중개사인 개업공인중개사와 부칙 개업공인중개사

2 겸업제한 없음

- 개인인 개업공인중개사는 사무소 전용의무도 없음
- 겸업제한도 없음
- 다만, 타법에서 제한하는 업무는 하지 못함

▶법인의 겸업 제한

- 법인인 개업공인중개사는 등록기준에서 법 제14조에서 규정된 업무만을 영위할 목적으로 설립되도록 함
- 위반 시 : 상대등록취소

▶법인이 중개업 외에 할 수 있는 업무

1 관리대행

상업용 건축물 및 주택의 임대관리 등 부동산의 관리대행

2 컨설팅

부동산의 이용·개발 및 거래에 관한 상담

3 프랜차이즈

개업공인중개사를 대상으로 한 중개업의 경영기법 및 경영정보의 제공

4 상업용 건축물 및 주택의 분양대행

토지의 분양대행은 안 됨

5 용역알선

- 중개의뢰인의 의뢰에 따른 도배, 이사업체의 소개 등 주거이전에 부수되는 용역의 알선
- 이사 또는 도배업은 할 수 없음

6 경매 및 공매 업무

「민사집행법」에 의한 경매 및 「국세징수법」 그 밖의 법령에 의한 공매대상 부동산에 대한 권리분석 및 취득의 알선과 매수신청 또는 입찰신청의 대리

- 위의 업무는 변호사 업무임, 변호사가 아닌 자가 한 경우 「변호사법」위반
- 부칙에 의한 개업공인중개사는 하지 못함(「변호사법」위반)
- 경매대상 부동산의 매수신청 또는 입찰신청의 대리를 하고자 하는 때에는 대법원규칙이 정하는 요건을 갖추어 법원에 등록을 하고 그 감독을 받아야 함

20강 중개사무소(Ⅰ)

▶ **중개사무소 설치 원칙**

1 중개사무소 설치

- 그 등록관청의 관할구역 안에 설치하여야 함
- 면적의 제한이 없음

2 2개 이상 사무소 설치금지

- 원칙 : 2개 이상의 사무소와 이동이 용이한 임시 중개시설물을 설치할 수 없음
- 예외 : 법인의 경우 분사무소를 설치할 수 있음
- 위반 시 : 상대등록취소, 1년 이하 징역 또는 1천만원 이하 벌금

▶법인의 분사무소 설치

1 분사무소의 설치

주된 사무소가 속한 시·군·구를 제외한 시·군·구별로 설치하되 각 시·군·구별로 1개를 초과할 수 없음

2 설치신고

주된 사무소의 소재지 등록관청에 설치신고서 제출(전자문서로 가능)

- 제출서류
  - 책임자의 실무교육이수확인증 사본, 보증의 설정을 증명할 수 있는 서류, 분사무소의 확보 증명서류(자격증 사본 제출 안 함)
  - 등록관청이 자격증을 발급한 시·도지사에게 취득여부 확인
- 분사무소 책임자 : 공인중개사이어야 함(특수법인은 제외)

3 등록관청의 통보

등록관청은 신고확인서를 교부한 후 지체없이 그 분사무소 설치예정 지역을 관할하는 시장·군수·구청장에게 통보하여야 함

4 분사무소 설치신고확인서 재교부

- 분사무소 설치신고확인서의 기재사항이 변경된 경우에는 설치신고확인서를 첨부하여 재교부 신청하여야 함
- 분실·훼손 등으로 못쓰게 된 경우에는 재교부를 신청할 수 있음
- 지방자치단체의 조례로 정하는 수수료 납부

▶중개사무소 공동사용

1 공동사용

업무의 효율적인 수행을 위하여 다른 개업공인중개사와 사무소를 공동으로 사용할 수 있음

2 사용승낙서

개설등록 또는 사무소의 이전신고를 하는 때에 당해 사무소를 사용할 권리가 있는 다른 개업공인중개사의 승낙서를 첨부하여야 함

3 사무소 공동사용시 개업공인중개사의 책임

의무와 책임은 각각 개별적임

4 사무소 공동사용의 제한

- 사용승낙서 교부 금지 : 업무정지 개업공인중개사가 다른 개업공인중개사에게 중개사무소의 공동사용을 위하여 승낙서를 주는 것 금지

  > **예외** 업무정지 개업공인중개사가 영업정지처분을 받기 전부터 중개사무소를 공동사용중인 다른 개업공인중개사는 제외함

- 이전 금지 : 업무정지 개업공인중개사가 다른 개업공인중개사의 중개사무소를 공동으로 사용하기 위하여 중개사무소의 이전신고를 금지

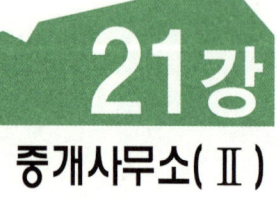

▶사무소 명칭 및 성명표기

1 개업공인중개사

"공인중개사사무소" 또는 "부동산중개"라는 문자를 사용하여야 함 (100만원 이하 과태료)

2 부칙에 의한 개업공인중개사

"공인중개사사무소"라는 명칭을 사용하지 못함(100만원 이하 과태료)

3 개업공인중개사가 아닌 자

"공인중개사사무소", "부동산중개" 또는 이와 유사한 명칭을 사용하여서는 아니 됨(1년 이하의 징역 또는 1천만원 이하 벌금)

4 개업공인중개사의 성명표기

옥외광고물 중 벽면이용간판, 돌출간판, 옥상 간판에 인식할 수 있을 정도로 표기하여야 함, 법인의 경우 주된 사무소는 대표자, 분사무소는 책임자성명 표기(100만원 이하의 과태료)

5 철거명령 및 행정대집행

등록관청은 의무를 위반한 사무소의 간판 등에 대하여 철거를 명할 수 있음, 명령을 받은 자가 철거를 이행하지 아니하는 경우에는 「행정대집행법」에 의하여 대집행을 할 수 있음

▶중개대상물의 표시광고

1 광고 시 명시의무

개업공인중개사의 성명(법인인 경우에는 대표자의 성명), 중개사무소의 명칭, 소재지 및 연락처, 등록번호(중개보조원 성명 표기 금지)

2 인터넷을 통한 광고 시 명시의무

① 소재지
② 면 적
③ 가 격
④ 중개대상물 종류
⑤ 거래형태
⑥ 건축물 및 그 밖의 토지의 정착물인 경우
  ㉠ 총 층수
  ㉡ 사용승인·사용검사·준공검사 등을 받은 날
  ㉢ 건축물 방향, 방 개수, 욕실 개수, 입주가능일, 주차대수 및 관리비

3 개업공인중개사가 아닌 자의 표시광고 금지

중개업을 위한 중개대상물에 대한 표시·광고를 하여서는 아니 됨(1년 이하 징역 또는 1천만원 이하의 벌금)

4 부당한 표시광고 금지

- 존재하지 않는 물건 광고, 거짓 과장광고, 거래질서를 해치거나 의뢰인에게 피해를 줄 우려가 있는 광고(위반 시 500만원 이하 과태료)
- 거래질서를 해치거나 의뢰인에게 피해를 줄 우려가 있는 광고
- 실제로 중개의 대상이 될 수 없는 중개대상물에 대한 표시·광고
- 실제로 중개할 의사가 없는 중개대상물에 대한 표시·광고
- 중개대상물의 입지조건, 생활여건, 가격 및 거래조건 등 중개대상물 선택에 중요한 영향을 미칠 수 있는 사실을 빠뜨리거나 은폐·축소하는 등의 방법으로 소비자를 속이는 표시·광고
- 국토교통부장관이 정하여 기준고시

22강 표시광고 모니터링

▶중개대상물의 표시광고 모니터링

1 인터넷 표시광고 모니터링

국토교통부장관이 할 수 있음, 정보통신서비스 제공자에게 자료제출 요구할 수 있으며 정보통신서비스제공자는 이에 따라야 함(위반 시 500만원 이하 과태료)

2 확인 및 추가 정보게재 요구

국토교통부장관이 정보통신서비스 제공자에게. 제공자는 이에 따라야 함(위반 시 500만원 이하 과태료)

3 업무의 위탁

국토교통부장관이 대통령령이 정하는 기관에

4 모니터링 업무위탁

국토교통부장관은 다음 기관에 모니터링 업무를 위탁할 수 있음
- 공공기관
- 정부출연연구기관
- 「민법」에 따라 설립된 비영리법인으로서 인터넷 표시·광고 모니터링 또는 인터넷 광고 시장 감시와 관련된 업무를 수행하는 법인
- 그 밖에 인터넷 표시·광고 모니터링 업무 수행에 필요한 전문인력과 전담조직을 갖췄다고 국토교통부장관이 인정하는 기관 또는 단체

5 모니터링 업무의 내용 및 방법 등

(1) **기본 모니터링 업무** : 모니터링 기본계획서에 따라 분기별로 실시하는 모니터링
(2) **수시 모니터링 업무** : 위반한 사실이 의심되는 경우 등 국토교통부장관이 필요하다고 판단하여 실시하는 모니터링

6 모니터링 계획서의 제출

모니터링 기관이 국토교통부장관에게 제출
(1) **기본 모니터링 업무** : 기본계획서를 매년 12월 31일까지 제출할 것
(2) **수시 모니터링 업무** : 계획서를 제출할 것

7 모니터링 결과보고서의 제출

국토교통부장관에게 제출
(1) **기본 모니터링 업무** : 매 분기의 마지막 날부터 30일 이내
(2) **수시 모니터링 업무** : 해당 모니터링 업무를 완료한 날부터 15일 이내

8 조치요구 및 통보·고시

- 국토교통부장관은 결과보고서를 시·도지사 및 등록관청에 통보하고 필요한 조사 및 조치를 요구할 수 있음
- 시·도지사 및 등록관청은 조치 요구받은 경우 신속하게 조사 및 조치를 완료하고, 완료한 날부터 10일 이내에 그 결과를 국토교통부장관에게 통보
- 모니터링의 기준, 절차 및 방법 등에 관한 세부적인 사항은 국토교통부장관이 정함

▶고용인 신고

1 고용인의 채용 및 신고

- 소속공인중개사 또는 중개보조원을 고용한 때에는 업무개시 전까지 등록관청에 신고하여야 함
- 소속공인중개사 신고 시 자격증 사본 제출 안 함 : 등록관청이 자격증을 발급한 시·도지사에게 자격취득 여부 확인

2 고용관계 종료 신고

고용관계가 종료된 때 종료된 날부터 10일 이내에 신고

▶중개보조원 채용제한

- 중개보조원 채용제한 : 개업공인중개사 및 소속공인중개사를 합한 숫자의 5배를 초과해서는 안 된다(위반 시 : 절대등록취소, 1년 이하 징역 또는 1,000만원 이하 벌금).
- 중개보조원 고지의무 : 중개보조원이라는 사실을 고지하여야 한다(위반 시 : 개업공인중개사, 중개보조원 500만원 이하 과태료).

▶고용인 채용시 개업공인중개사 책임

1 민사책임
- 손해배상책임, 무과실책임, 연대책임
- 중개업무뿐만 아니라 중개업무와 밀접하게 관련되어지는 것도 책임

2 행정상의 책임
- 고용인의 업무상 행위는 개업공인중개사의 행위로 본다.
- 고용인이 행정처분 행위를 한 경우 개업공인중개사가 한 행위 간주

3 형사책임
- 고용인인 중개업무에 관하여, 형벌사항의 규정에 해당하는 위반행위를 한 때에는 그 행위자를 벌하는 외에 그 개업공인중개사에 대하여도 동조에 규정한 벌금형을 과함
- 양벌 규정에 의하여 벌금형을 받은 경우 결격사유에는 해당 안 됨
- 상당한 주의와 감독을 게을리하지 않은 경우 양벌규정이 적용 안 됨

▶인장등록 대상자 및 시기

1 인장등록 대상자
개업공인중개사 및 소속공인중개사

2 인장등록의 시기
- 업무개시 전까지 하여야 함(전자문서로 가능)
- 개업공인중개사는 등록신청 시에 할 수 있음
- 소속공인중개사는 고용인 신고 시에 할 수 있음

24강
인장등록
등록증 등의
게시의무

▶인장등록

1 공인중개사인 개업공인중개사, 부칙 개업공인중개사와 소속공인중개사

- 가족관계등록부 또는 주민등록표에 기재된 성명의 인장
- 가로, 세로 각 7밀리미터 이상 30밀리미터 이내

2 법인인 개업공인중개사

(1) **주된 사무소** : 「상업등기규칙」에 의하여 신고한 법인의 인장
(2) **분사무소** : 「상업등기규칙」에 의하여 신고한 법인의 인장 또는 「상업등기규칙」에 의한 법인의 대표자가 보증하는 인장을 등록

3 인장등록 방법

(1) **개인** : 인장등록신고서 제출
(2) **법인** : 인감증명서 제출로 갈음
(3) **분사무소** : 주된 사무소 소재지 등록관청에 등록

4 인장의 변경등록

변경된 날로부터 7일 이내

5 등록된 인장의 사용

위반 시 : 개업공인중개사 - 업무정지, 소속공인중개사 - 자격정지

▶등록증 등의 게시의무

중개사무소 안의 보기 쉬운 곳에 다음을 게시하여야 함

- 중개사무소**등록증** 원본(분사무소의 경우 분사무소 설치신고확인서 원본)
- 개업공인중개사 및 소속공인중개사의 공인중개사**자**격증 원본 - 해당되는 자가 있는 경우에 한함
- 소속개보**수**·실비의 요율 및 한도액표
- **업**무보증의 설정을 증명할 수 있는 서류

- 사업자**등록증**
- 위반 시 : 100만원 이하 과태료

▶중개사무소 이전

1 이전 신고

- 이전한 날부터 10일 이내에 이전 후 등록관청에 신고하여야 함
- 제출서류
    - 등록증 원본
    - 사무실의 확보를 증명하는 서류(건축물대장에 기재되지 않은 건물에 중개사무소를 확보한 경우 건축물대장 기재가 지연되는 사유를 적은 서류도 함께 제출)

2 등록증 재교부

- 등록관청은 그 내용이 적합한 경우 등록증을 재교부하여야 함
- 동일 등록관청으로 이전한 경우 등록증에 변경사항을 기재하여 교부할 수 있음

3 관계서류 송부

관할 외 지역으로 이전신고를 한 경우 신고를 받은 이전 후 등록관청은 종전의 등록관청에 관련서류를 송부하여 줄 것을 요청하여야 함

종전의 등록관청은 지체없이 서류를 이전 후 등록관청에 송부하여야 함

4 이전 후 등록관청으로 송부되는 서류

중개사무소 등록대장, 중개사무소 개설등록신청서류, 최근 1년간의 행정처분서류 및 행정처분절차가 진행중인 경우 그 관련서류

5 이전 전의 개업공인중개사 행위에 대한 처분

이전 후 등록관청이 행함

▶분사무소 이전

1 분사무소 이전신고

- 이전 한 날부터 10일 이내에 주된 사무소 소재지 등록관청에 신고하여야 함
- 제출서류
  - 설치신고확인서
  - 사무소 확보를 증명하는 서류(건축물대장에 기재되지 않은 건물에 중개사무소를 확보한 경우 건축물대장 기재가 지연되는 사유를 적은 서류도 함께 제출)

2 분사무소 설치신고확인서의 재교부

- 등록관청은 그 내용이 적합한 경우 분사무소설치신고확인서를 재교부
- 동일 등록관청으로 이전한 경우 변경 기재하여 교부할 수 있음

3 이전사실 통보

등록관청은 분사무소의 이전신고를 받은 때에는 지체없이 그 분사무소의 이전 전 및 이전 후의 소재지를 관할하는 등록관청에 이를 통보하여야 함

4 사무소 이전신고 위반 시

100만원 이하의 과태료

▶휴업 및 폐업신고

1 휴업의 신고

- 3월을 초과하는 휴업을 하고자 하는 때 휴업신고서에 등록증을 첨부하여 등록관청에 미리 신고하여야 함(전자문서 못함)
- 분사무소도 개별적으로 휴업신고 가능

2 업무를 개시하지 않은 경우

개설등록 후 3월을 초과하여 업무를 개시하지 아니하는 경우에도 휴업신고를 하여야 함

3 휴업의 기간

- 휴업은 6개월을 초과할 수 없음
- 부득이 한 사유가 있는 경우 6월 초과할 수 있음

4 부득이한 사유

질병으로 인한 요양, 징집으로 인한 입영, 취학, 그 밖에 이에 준하는 부득이한 사유

5 기간변경신고

휴업신고 후 기간을 변경하고자 하는 경우, 휴업기간 만료 전까지(전자문서로 할 수 있음)

6 업무재개신고

- 개업공인중개사가 휴업신고를 한 후 업무를 재개하고자 하는 경우, 업무재개신고서를 작성하여 등록관청에 신고하여야 함(전자문서로 할 수 있음)
- 등록증 반환 : 업무재개 신고를 받은 등록관청은 등록증을 즉시 반환하여야 함

26강
휴업 및
폐업신고

7 폐업의 신고

개업공인중개사가 폐업을 하고자 할 때에는 폐업신고서에 등록증을 첨부하여 등록관청에 미리 신고하여야 함, 분사무소별로 폐업신고 가능(전자문서로 할 수 없음)

8 휴업 및 폐업신고 관련 위반시

- 휴업 신고, 폐업 신고, 기간변경신고, 업무재개신고 위반시 : 100만원 이하 과태료
- 정당한 사유 없이 6월 초과 휴업한 경우 : 상대등록취소

9 부가가치세법에 의한 휴업 또는 폐업신고

- 휴업 또는 폐업신고를 하려는 자가 「부가가치세법」에 따른 휴업 또는 폐업신고를 같이 하려는 경우에는 중개사법에 따른 휴업·폐업신고서와 함께 「부가가치세법」의 휴업·폐업신고서를 함께 제출하여야 함
- 등록관청은 함께 제출받은 휴업·폐업신고서를 지체없이 관할 세무서장에 송부(정보통신망을 이용한 송부를 포함)하여야 함
- 관할 세무서장이 「부가가치세법」에 따라 중개사법에 의한 휴업 또는 폐업신고를 받아 이를 해당 등록관청에 송부한 경우에는 휴업·폐업신고서가 제출된 것으로 봄

▶간판의 철거

1 간판의 철거

개업공인중개사는 다음에 해당하는 경우 지체없이 사무소의 간판을 철거하여야 함

- 중개사무소의 이전사실을 신고한 경우
- 폐업 사실을 신고한 경우
- 개설등록 취소처분을 받은 경우

2 대집행

등록관청은 간판의 철거를 이행하지 아니하는 경우에는 「행정대집행법」에 따라 대집행할 수 있음(철거명령 규정 없음)

27강 일반중개계약

▶ 일반중개계약

여러 개업공인중개사에게 경쟁적으로 의뢰하여 그 중 거래를 성사시킨 개업공인중개사에게만 중개보수를 지불하는 계약

▶ 일반중개계약서

1 중개의뢰인의 작성 요청

중개의뢰인은 중개의뢰 내용을 명확히 하기 위하여 개업공인중개사에게 일반중개계약서 작성을 요청할 수 있음

2 일반중개계약서에 기재할 사항

중개대상물의 **위**치 및 규모, **거**래예정가격, 거래예정가격에 대한 중개**보**수, 개업공인중개사와 중개의뢰인이 **준**수하여야 할 사항

3 일반중개계약서 서식

국토교통부장관은 일반중개계약서의 표준이 되는 서식을 정하여 이의 사용을 권장할 수 있음(법정 서식 있음)

▶ 전속중개계약 시 개업공인중개사의 의무

1 전속중개계약

중개의뢰인이 특정한 개업공인중개사를 정하여 그 개업공인중개사에게 한정하여 중개대상물을 중개하도록 하는 계약

2 전속중개계약서 사용 및 보관

- 국토교통부령이 정한 전속중개계약서를 사용하고, 3년간 보존하여야 함
- 위반 시 : 업무정지

3 중개대상물 정보공개

- 정보망 또는 일간신문에 공개 : 전속중개계약을 체결한 경우 7일 이내 거래정보망 또는 일간신문에 공개하여야 함
- 의뢰인이 비공개 요청한 경우 : 공개하면 아니 됨
- 위반 시 : 상대등록취소
- 공개사항 통지 : 물건정보를 공개한 경우 지체없이 중개의뢰인에게 문서로 통지

28강
전속중개계약

4 중개대상물 정보공개사항

- 중개대상물의 종류, 소재지, 지목 및 면적, 건축물의 용도, 구조 및 건축연도 등 중개대상물을 특정하기 위하여 필요한 사항
- 벽면 및 도배의 상태
- 수도·전기·가스·소방·열공급·승강기설비, 오수·폐수·쓰레기처리시설 등의 상태
- 도로 및 대중교통수단과의 연계성, 시장·학교 등과의 근접성, 지형 등 입지조건, 일조·소음·진동 등 환경조건
- 소유권·전세권·저당권·지상권 및 임차권 등 당해 중개대상물의 권리관계에 관한 사항. 다만, 각 권리자의 주소·성명 등 인적 사항에 관한 정보는 공개하여서는 아니 됨
- 공법상 이용제한 및 거래규제에 관한 사항
- 거래예정가격 및 공시지가. 다만, 임대차의 중개대상물의 경우에는 공시지가를 공개하지 아니할 수 있음

5 업무처리상황 통지

전속중개계약을 체결한 중개의뢰인에게 문서로써 2주일에 1회 이상 업무처리상황을 통지하여야 함

6 확인·설명의무

중개대상물의 확인·설명의무를 성실히 이행하여야 함

▶전속중개계약시 중개의뢰인의 의무

1 전속중개계약의 유효기간

전속중개계약의 유효기간은 3개월로 하며, 다만 전속중개계약서상에 당사자 간에 다른 약정이 있는 경우는 그 약정에 따름

2 중개보수 전액을 위약금으로 지불

- 유효기간 내 다른 개업공인중개사에게 의뢰하여 거래한 경우 중개의뢰인은 중개보수에 해당하는 금액을 위약금으로 지불
- 전속중개계약 유효기간 내 개업공인중개사를 배제하고 개업공인중개사가 소개한 상대방과 거래한 경우 중개의뢰인은 중개보수에 해당하는 금액을 위약금으로 지급

3 의뢰인 스스로 발견한 상대방과 거래한 경우

- 유효기간 내 의뢰인이 스스로 발견한 상대방과 거래한 경우는 그가 지불하여야 할 중개보수의 50% 범위 내에서 개업공인중개사의 소요된 비용을 지불
- 그 비용은 사회통념에 비추어 상당하다고 인정되는 비용에 한함

29강 부동산거래정보망(Ⅰ)

▶거래정보망의 지정

1 부동산거래정보망의 의의
개업공인중개사 상호간에 중개대상물의 중개에 관한 정보를 교환하는 체계

2 지정권자
국토교통부장관

3 지정 목적
개업공인중개사 상호간에 부동산매매 등에 관한 정보의 공개와 유통을 촉진하고 공정한 부동산거래질서를 확립하기 위하여 부동산거래정보망을 설치·운영할 자를 지정할 수 있음

4 지정요건
- 기본 요건 : 「전기통신사업법」의 규정에 의한 부가통신사업자일 것
- 그 외 요건(국토교통부령)
    - 개업공인중개사가 전국적으로 **500**인 이상이고 **2**개 이상의 특별시·광역시·도에서 각 **30**인 이상의 개업공인중개사가 가입, 이용신청을 할 것
    - 정보처리기사 1인 이상을 확보할 것
    - 공인중개사 1인 이상을 확보할 것
    - 국토교통부장관이 정하는 용량 및 성능을 갖춘 컴퓨터 설비를 확보할 것

5 지정신청시 구비서류
- 이용신청을 한 신청서 및 당해 개업공인중개사의 등록증 사본
- 공인중개사 및 정보처리기사 1인 이상의 자격증 사본

- 주된 컴퓨터의 용량 및 성능 등을 알 수 있는 서류
- 부가통신사업신고서를 제출하였음을 확인할 수 있는 서류

6 지정 및 지정서 교부

국토교통부장관은 30일 이내에 지정하고 지정서 교부. 교부 시 지정대장에 기재하고 교부(지정대장은 전자적 처리가 가능하도록 관리)

7 지정대장에 기재할 사항
- 지정 번호 및 지정 연월일
- 상호 또는 명칭 및 대표자의 성명
- 사무소의 소재지
- 주된 컴퓨터설비의 내역
- 전문자격자의 보유에 관한 사항

▶운영규정

1 운영규정 제정 및 변경
- 지정을 받은 날부터 3개월 이내에 운영규정을 정하여 국토교통부장관의 승인을 얻어야 함
- 이를 변경하고자 하는 경우에도 국토교통부장관의 승인을 얻어야 함
- 위반 시 : 지정이 취소될 수 있으며 500만원 이하의 과태료

2 운영규정에 포함될 사항
- 부동산거래정보망에의 등록절차
- 자료의 제공 및 이용방법에 관한 사항
- 가입자에 대한 회비 및 그 징수에 관한 사항
- 거래정보사업자 및 가입자의 권리·의무에 관한 사항
- 그 밖에 부동산거래정보망의 이용에 관하여 필요한 사항

30강 부동산거래 정보망(Ⅱ)

▶거래정보사업자의 의무

1 운영의무

거래정보사업자는 지정받은 날로부터 1년 이내에 운영하여야 함

2 정보공개의무

- 개업공인중개사로부터 의뢰받은 중개대상물의 정보에 한하여 공개하여야 함
- 의뢰받은 내용과 다르게 정보를 공개하여서는 아니 됨
- 개업공인중개사에 따라 정보가 차별적으로 공개되도록 하여서는 아니 됨

▶개업공인중개사의 의무

1 거짓공개 금지

부동산거래정보망에 중개대상물에 관한 정보를 거짓으로 공개하여서는 아니 됨

2 거래완성사실 통보

공개된 중개대상물의 거래가 완성된 경우 이를 지체없이 거래정보사업자에게 통보하여야 함

3 위반시 : 업무정지

▶부동산거래정보망과 중개업무 흐름도

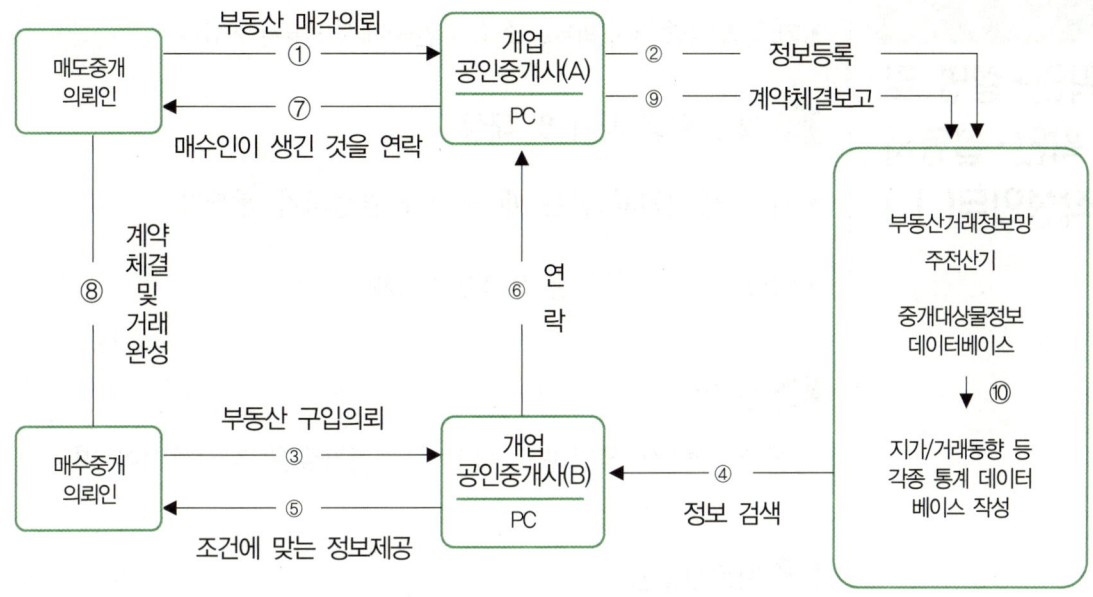

▶사설 정보망을 이용한 부당경쟁제한 금지

1 사업자 단체의 금지행위(독점규제 및 공정거래에 관한 법률)

- 부당하게 경쟁을 제한하는 행위
- 일정한 거래분야에 있어서 현재 또는 장래의 사업자 수를 제한하는 행위
- 구성사업자의 사업내용 또는 활동을 부당하게 제한하는 행위
- 사업자에게 불공정거래행위 또는 재판매가격 유지행위를 하거나 방조하는 행위

2 시정조치 및 과징금

- 금지행위를 한 사업자단체 또는 사업자에게 당해 행위를 중지, 시정명령 등의 조치를 취할 수 있음
- 사업자단체에게 과징금을 부과할 수 있음

31강 확인·설명 및 확인·설명서 작성의무(Ⅰ)

▶ 중개대상물 확인·설명

1 확인·설명할 수 있는 자
- 개업공인중개사(의무), 소속공인중개사(의무는 아님)

2 확인·설명 시기 및 대상
- 시기 : 중개의뢰 받은 때 중개가 완성되기 전까지
- 대상 : 매수, 임차 등 의뢰인(권리취득 의뢰인)

3 방법
성실·정확하게 설명하고 설명의 근거자료를 제시하여야 함

4 자료요구권
- 개업공인중개사는 확인·설명을 위하여 필요한 경우 매도의뢰인, 임대의뢰인 등(권리이전 의뢰인)에게 중개대상물의 상태에 관한 자료를 요구할 수 있음
- 불응한 경우 매수 또는 임차 의뢰인에게 설명하고 확인·설명서에 기재하여야 함

5 신분증의 제시요구권
개업공인중개사는 중개업무의 수행을 위하여 필요한 경우 주민등록증 등 신분을 확인할 수 있는 증표를 제시할 것을 요구할 수 있음

6 확인·설명할 사항
- 중개대상물의 종류·소재지·지번·지목·면적·용도·구조 및 건축연도 등 당해 중개대상물에 관한 기본적인 사항
- 소유권·전세권·저당권·지상권 및 임차권 등 당해 중개대상물의 권리 관계에 관한 사항
- 거래예정금액, <u>중개보수 및 실비의 금액과 그 산출내역</u>

- 관리비 금액과 그 산출내역 〈2024.4.9. 개정〉
- 토지이용계획, 공법상 거래규제 및 이용제한에 관한 사항
- 수도·전기·가스·소방·열공급·승강기 설비 및 배수 등 시설물의 상태
- 벽면·바닥면 및 도배의 상태

7 확인·설명할 사항

- 일조·소음·진동 등 환경조건
- 도로 및 대중교통수단과의 연계성, 시장·학교와의 근접성 등 입지조건
- 당해 중개대상물에 대한 권리를 취득함에 따라 부담하여야 할 조세의 종류 및 세율
- 「주택임대차보호법」에 따른 임대인의 정보 제시 의무 및 보증금 중 일정액의 보호에 관한 사항 〈24. 4. 9 개정〉
- 「주민등록법」에 따른 전입세대확인서의 열람 또는 교부에 관한 사항
- 「민간임대주택에 관한 특별법」에 따른 임대보증금에 대한 보증에 관한 사항(주택이 같은 법에 따른 민간임대주택인 경우만 해당)

▶확인·설명서 작성

1 확인·설명서를 작성할 수 있는 자

개업공인중개사(의무), 소속공인중개사(의무 아님)

2 확인·설명서 작성시기

거래계약서를 작성하는 때

3 개업공인중개사의 서명 및 날인

- 개업공인중개사는 중개대상물의 확인·설명서에 서명 및 날인하여야 함
- 법인인 경우에는 대표자를 말하며 분사무소의 경우에는 분사무소 책임자를 말함

32강 확인·설명 및 확인·설명서 작성의무(Ⅱ)

4 소속공인중개사의 서명 및 날인

중개행위를 한 소속공인중개사가 있는 경우 소속공인중개사도 개업공인중개사와 함께 서명 및 날인하여야 함

5 교부 및 보관 – 개업공인중개사 의무
- 확인·설명서를 쌍방에게 교부하고 3년간 보관
- 사본 또는 원본, 전자문서로 보관함(공인전자문서센터에 보관된 경우 제외)

▶거래계약서 작성

1 거래계약서를 작성할 수 있는 자
- 개업공인중개사, 소속공인중개사
- 개업공인중개사는 의무이나 소속공인중개사는 의무 아님

2 거래계약서의 필요적 기재사항
- 거래당사자의 **인**적사항
- **물**건의 표시
- **계**약일
- **거**래금액·계약금액 및 그 지급일자 등 지급에 관한 사항
- 물건의 **인**도 일시
- **권**리이전의 내용
- 계약의 **조**건이나 기한이 있는 경우 그 조건 또는 기한
- 확인·**설**명서 교부일자
- 그 밖의 **약**정내용

▶거래계약서 서명 및 날인

1 개업공인중개사의 서명 및 날인

법인 : 주된사무소 - 대표자
　　　분사무소 - 책임자

2 소속공인중개사의 서명 및 날인

중개행위를 한 소속공인중개사

3 교부 및 보관(개업공인중개사 의무)

거래계약서를 쌍방에게 교부, 5년간 보관
　　- 사본 또는 원본, 전자문서로 보관함(공인전자문서센터에 보관된 경우 제외)

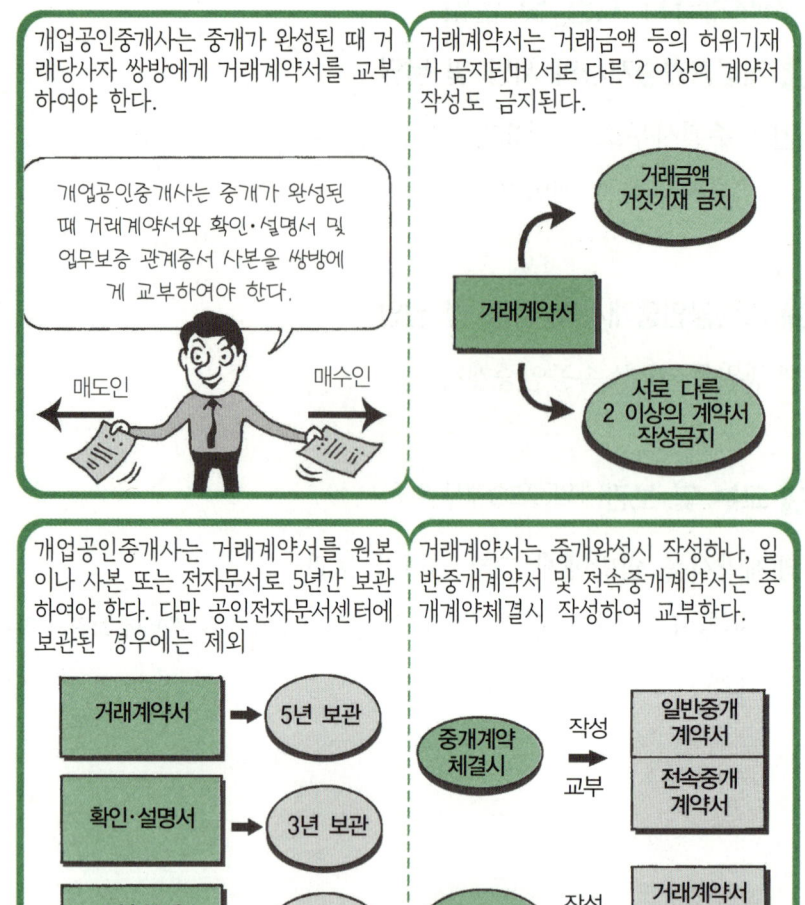

▶거래계약서 서식 및 거짓기재 금지

1 거짓기재 및 2중계약서 작성 금지

거래금액 등 거래내용을 거짓으로 기재 금지, 서로 다른 2 이상의 거래계약서를 작성 금지

2 법정서식

거래계약서는 법정서식이 없음. 다만 국토교통부장관은 거래계약서에 관하여 표준이 되는 서식을 정하여 사용을 권장할 수 있음

33강 개업공인중개사 기본윤리

▶개업공인중개사 등의 기본윤리

1 품위유지 및 공정중개의무

- 대상 : 개업공인중개사 및 소속공인중개사
- 전문직업인으로서 품위유지의무
- 신의와 성실로서 공정하게 중개관련 업무를 수행의무

2 선관주의의무

개업공인중개사와 의뢰인과의 법률관계는 「민법」상 위임관계와 같으므로 개업공인중개사는 선관주의의무를 부담

3 비밀준수의무

- 개업공인중개사등은 이 법 및 다른 법률에 특별한 규정이 있는 경우를 제외하고는 그 업무상 알게 된 비밀을 누설하여서는 아니 됨
- 개업공인중개사등이 그 업무를 떠난 후에도 또한 같음
- 위반시 : 1년 이하의 징역 또는 1천만원 이하 벌금(다만, 피해자의 명시한 의사에 반하여 벌하지 아니함 - 반의사불벌죄)

▶손해배상책임 보장

1 손해배상요건

- 고의 또는 과실 : 중개행위를 함에 있어서 고의 또는 과실로 거래당사자에게 재산상의 손해를 발생하게 한 때
- 자기의 사무실을 다른 사람의 중개행위 장소로 제공 : 자기의 사무소를 다른 사람의 중개행위 장소로 제공함으로써 거래당사자에게 재산상의 손해를 발생하게 한 때

    주의 손해배상책임은 중개행위와 손해발생관계에서 인과관계가 있어야 재산상의 손해에 대해서만 업무보증에 의해 배상을 함

34강 업무보증금액

2 업무보증방법 및 신고
- 시기 : 업무를 개시하기 전
- 방법 : 보증보험 또는 공제에 가입하거나, 공탁하여야 함
- 신고 : 보증설정신고서에 증명서류를 첨부하여 신고하여야 함
- 신고의 생략 : 보증기관이 보증사실을 등록관청에 직접 통보한 경우
- 위반 시 : 상대등록취소(업무정지)

3 공탁금의 회수 제한
폐업 또는 사망한 날부터 3년 이내에 회수할 수 없음

4 업무보증 금액
- 법인인 개업공인중개사 : 2억원 이상
- 법인의 분사무소 : 분사무소마다 1억원 이상을 추가 설정
- 공인중개사 및 부칙 개업공인중개사 : 1억원 이상
- 특수법인 중 지역농업협동조합 : 1천만원 이상(다른 특수법인은 일반법인과 동일)

5 보증변경 및 재설정

(1) 보증의 변경
- 보증을 다른 종류의 보증으로 변경하고자 하는 경우
- 이미 설정한 보증의 효력이 있는 기간 중에 다른 보증을 설정하고, 등록관청에 신고

(2) 보증기간 만료로 인한 재설정
- 보증기간 만료로 인하여 다시 보증을 설정하고자 하는 경우
- 당해 보증기간 만료일까지 다시 보증을 설정하고 등록관청에 신고해야 함

> **주의** 보증기관이 등록관청으로 통보한 경우 신고를 생략할 수 있음

6 보증사항 설명과 보증서 사본 교부

중개가 완성된 때, 업무보증 내용을 거래당사자에게 설명하고, 그 증서의 사본(전자문서 포함)을 교부(100만원 이하 과태료)

7 보증보험금 또는 공탁금

(1) 보증보험금 또는 공탁금의 지급

중개의뢰인이 손해배상 청구시 다음 서류 중에 하나를 첨부하여 보증기관에 손해배상금의 지급을 청구하여야 함

- 중개의뢰인과 개업공인중개사간의 손해배상합의서
- 화해조서, 확정된 법원의 판결사본
- 그 밖의 이에 준하는 효력이 있는 서류

(2) 보증보험금 또는 공탁금의 보전

- 보증보험금, 공제금 또는 공탁금으로 손해배상을 한 때
- 15일 이내
- 보증보험 또는 공제에 다시 가입하거나 공탁금 중 부족하게 된 금액을 보전하여야 함

▶계약금 등의 반환채무 이행 보장

1 예치권고

- 대상 : 개업공인중개사가 거래당사자에게
- 목적 : 거래의 안전을 보장하기 위하여
- 시기 : 거래계약의 이행이 완료될 때까지
- 권고 : 계약금·중도금 또는 잔금(계약금등)을 예치하도록 거래당사자에게 권고할 수 있음

35강
계약금 등의 예치

2 예치명의자 및 예치기관

(1) 예치명의자

개업공인중개사 또는 다음에 해당하는 자
- 「은행법」에 의한 **은행**
- 「보험업법」에 의한 **보험**회사
- 「자본시장과 금융투자업에 관한 법률」에 의한 **신**탁업자
- 「우체국예금·보험에 관한 법률」에 따른 **체**신관서
- **공**제사업을 하는 자
- 부동산 거래계약의 이행을 보장하기 위하여 계약금·중도금 또는 잔금(계약금 등) 및 계약관련 서류를 관리하는 업무를 수행하는 **전**문회사

(2) 예치기관

금융기관, **신**탁업자, **공**제사업을 하는 자

3 계약금 등의 중도수령

- 대상 : 매도인·임대인 등 계약금 등을 수령할 수 있는 권리가 있는 자
- 시기 : 당해 계약을 해제한 때
- 중도수령 방법 : 계약금 등의 반환을 보장하는 내용의 금융기관 또는 보증보험회사가 발행하는 보증서를 계약금 등의 예치명의자에게 교부

4 개업공인중개사명의로 예치하는 경우의 의무

- 약정 : 인출 동의방법, 실비, 거래안전을 위하여 필요한 사항 약정하여야 함
- 예치금 분리 : 자기 소유의 예치금과 분리하여 관리될 수 있도록 하여야 함
- 동의 없이 인출 금지 : 예치된 계약금 등을 거래당사자의 동의 없이 인출 금지
- 보증설정 : 계약금 등에 해당하는 금액을 보장하는 보증보험 또는 공제에 가입하거나 공탁을 하여야 하며, 거래당사자에게 관계증서의 사본을 교부하거나 관계 증서에 관한 전자문서를 제공하여야 함

36강 실무교육

▶ **실무교육**

1 실무교육 실시권자

시·도지사

2 실무교육 대상

(1) 대상이 되는 자
- 중개사무소 개설등록 하고자 하는 자
- 법인의 사원 또는 임원이 되고자 하는 자
- 분사무소 책임자가 되고자 하는 자
- 소속공인중개사가 되고자 하는 자

(2) 대상이 아닌 자
- 폐업신고 후 1년 이내에 중개사무소의 개설등록을 다시 신청하고자 하는 자
- 폐업신고 후 1년 이내에 소속공인중개사로 고용신고 하고자 하는 자
- 고용관계가 종료된 날로부터 1년 이내에 다시 고용신고를 하는 소속공인중개사
- 소속공인중개사로서 고용관계가 종료된 날부터 1년 이내에 개설등록 신청하고자 하는 자

3 실무교육시기 및 시간

(1) 실무교육시기
- 등록신청일 전 1년 이내
- 분사무소 책임자의 경우 분사무소 설치신고일 전 1년 이내
- 소속공인중개사는 고용 신고일 전 1년 이내

(2) 실무교육의 목적(내용) 및 시간
- 교육 내용 : 직무수행에 필요한 법률지식, 부동산 중개 및 경영실무, 직업윤리 등
- 교육시간 : 28시간 이상 32시간 이하

▶ 연수교육

1 연수교육 실시권자 및 대상

- 실시권자 : 시·도지사
- 대상 : 실무교육을 받은 개업공인중개사 및 소속공인중개사

2 연수교육시기

실무교육을 받은 후 2년마다

중개사무소 개설등록(또는 분사무소 설치신고)을 신청하려는 자는 등록신청일(또는 설치신고일) 전 1년 이내에 실무교육을 받아야 한다.

다만, 폐업신고 후 1년 이내에 중개사무소의 개설등록을 다시 신청하고자 하는 자는 그러하지 아니하다.

실무교육 대상자는 이와 같으며, 특히 중개법인의 경우 대표자를 제외한 사원·임원의 3분의 1 이상이 공인중개사이어야 하나, 실무교육은 모두 받아야 한다.

■ 실무교육 대상자
 ① 중개사무소 개설등록을 신청하고자 하는 공인중개사
 ② 중개사무소 개설등록을 신청하고자 하는 법인의 대표자 및 사원·임원 전원
 ③ 분사무소의 설치신고를 하고자 하는 경우 분사무소 책임자
 ④ 고용신고하려는 소속공인중개사

3 연수교육 내용 및 시간

- 교육내용 : 법·제도의 변경사항, 부동산 중개 및 경영 실무, 직업윤리 등
- 교육시간 : 12시간 이상 16시간 이하

4 연수교육의 통지

- 실무교육 또는 연수교육을 받은 후 2년이 되기 2개월 전까지
- 연수교육의 일시·장소·내용 등을 대상자에게 통지

  주의 공고 규정 없음

37강 직무교육

▶ 직무교육

1 직무교육 실시권자

시·도지사 또는 등록관청

2 직무교육 대상 및 시기

중개보조원이 되고자 하는 자

3 직무교육 대상 및 시기

- 고용 신고일 전 1년 이내
- 고용관계 종료 신고 후 1년 이내에 고용 신고를 다시 하려는 자는 제외

4 직무교육의 내용

직무수행에 필요한 직업윤리 등

5 직무교육시간

3시간 이상 4시간 이하

▶교육의 지침마련

1 지침마련권자 및 대상

- 국토교통부장관은 전국적인 균형유지를 위하여 필요하다고 인정하는 경우 교육의 지침을 마련하여 시행할 수 있음
- 시·도지사가 실시하는 실무교육, 직무교육 및 연수교육

2 교육지침에 포함될 사항

- 교육의 목적, 대상
- 교육과목 및 교육시간
- 강사의 자격
- 수강료
- 수강신청
- 출결 확인
- 교육평가
- 교육수료증 발급 등, 학사 운영 및 관리
- 그 밖에 균형 있는 교육의 실시에 필요한 기준과 절차

▶거래사고 예방교육

1 거래사고 예방교육 및 교육비 지원

- 실시권자 : 국토교통부장관, 시·도지사 및 등록관청 - 실시할 수 있음
- 대상 : 개업공인중개사등
- 목적 : 부동산 거래질서를 확립, 부동산거래사고로 인한 피해를 방지
- 교육비 지원 : 국토교통부장관, 시·도지사 및 등록관청은 비용을 지원할 수 있음

2 교육비 지원 범위

- 교육시설 및 장비의 설치에 필요한 비용
- 교육자료의 개발 및 보급에 필요한 비용
- 교육 관련 조사 및 연구에 필요한 비용, 교육 실시에 따른 강사비

3 거래사고 예방교육의 공고 또는 통지

- 교육일 10일 전까지
- 교육일시·장소 및 교육내용, 그 밖에 교육에 필요한 사항

▶개업공인중개사등의 금지행위(거래질서 교란행위)

1 중개대상물의 매매를 업으로 하는 행위

- 임대를 업으로 하는 것은 해당되지 않음
- 중개사무소 개설등록을 하지 아니하고 중개업을 영위하는 자인 사실을 알면서 그를 통하여 중개를 의뢰받거나 그에게 자기의 명의를 이용하게 하는 행위
    - 무등록업자를 모른 상태에서 의뢰를 받은 경우 금지행위에 해당하지 않음
- 사례·증여 등 어떠한 명목(절대적 금지)으로도 보수 또는 실비를 초과하여 금품을 받는 행위
    - 의뢰인이 스스로 초과한 금액을 준 경우에도 이 법에 위반됨
    - 초과 부분은 무효이므로 반환하여야 함(강행법규)
- 당해 중개대상물의 거래상 중요사항에 관하여 거짓된 언행 그 밖의 방법으로 중개의뢰인의 판단을 그르치게 하는 행위
    - 어떠한 사실을 알면서도 이를 의뢰인에게 알리지 않는 침묵도 포함됨
- 관계법령에서 양도·알선 등이 금지된 부동산의 분양·임대 등과 관련 있는 증서 등의 매매·교환 등을 중개하거나 그 매매를 업으로 하는 행위
    - 증서에 해당되는 것 : 입주자 저축증서(주택청약저축통장), 주택상환사채 등
    - 증서에 해당되지 않는 것 : 분양계약 체결된 분양권, 상가분양계약서, 「도시 및 주거환경정비법」상 관리처분계획인가로 인한 입주권

- 중개의뢰인과 직접거래를 하거나 거래당사자 쌍방을 대리하는 행위
  - 직접거래에 해당되지 않는 것 : 의뢰 받아 자기 가족에게 중개하여 거래하는 것, 다른 개업공인중개사를 통하여 거래하는 것
  - 직접거래 해당되는 것 : 대리권을 수여 받은 수임인과 거래하는 것
  - 일방 대리 : 금지행위에 해당하지 않음
- 탈세 등 관계법령을 위반할 목적으로 소유권보존등기 또는 이전등기를 하지 아니한 부동산이나 관계법령의 규정에 의하여 전매 등 권리의 변동이 제한된 부동산의 매매를 중개하는 등 부동산투기를 조장하는 행위
  - 미등기 전매 중개 : 전매차익이 나지 않았어도 위반됨
  - 권리변동 제한 부동산 : 「주택법」상의 분양권 전매제한 등
- 부당한 이익을 얻거나 제3자에게 부당한 이익을 얻게 할 목적으로 거짓으로 거래가 완료된 것처럼 꾸미는 등 중개대상물의 시세에 부당한 영향을 주거나 줄 우려가 있는 행위
- 단체를 구성하여 특정 중개대상물에 대하여 중개를 제한하거나 단체 구성원 이외의 자와 공동중개를 제한하는 행위

2 업무방해 금지행위(거래당사자의 거래질서 교란행위)

- 안내문, 온라인 커뮤니티 등을 이용하여 특정 개업공인중개사등에 대한 중개의뢰를 제한하거나 제한을 유도하는 행위
- 안내문, 온라인 커뮤니티 등을 이용하여 중개대상물에 대하여 시세보다 현저하게 높게 표시·광고 또는 중개하는 특정 개업공인중개사등에게만 중개의뢰를 하도록 유도함으로써 다른 개업공인중개사등을 부당하게 차별하는 행위
- 안내문, 온라인 커뮤니티 등을 이용하여 특정 가격 이하로 중개를 의뢰하지 아니하도록 유도하는 행위
- 정당한 사유 없이 개업공인중개사등의 중개대상물에 대한 정당한 표시·광고행위를 방해하는 행위
- 개업공인중개사등에게 중개대상물을 시세보다 현저하게 높게 표시·광고하도록 강요하거나 대가를 약속하고 시세보다 현저하게 높게 표시·광고하도록 유도하는 행위

40강 금지행위(Ⅲ)

3 금지행위 위반시

(1) 행정처분
- 개업공인중개사 : 상대등록취소(업무정지)
- 소속공인중개사 : 자격정지

(2) 금지행위 위반시 형벌
- 1년 이하 징역 또는 1천만원 이하 벌금
  - 중개대상물 **매**매업
  - **무**등록 중개의뢰, 명의이용
  - 보**수** 초과수수, 금품수수
  - **거**짓언행
- 3년 이하 징역 또는 3천만원 이하 벌금
  - **증**서중개, 매매업
  - **직**접거래, **쌍**방대리
  - **투**기조장
  - **시**세부당영향
  - **공**동중개제한(단체구성)
  - 중개의뢰제한 또는 제한유도
  - 특정 개업공인중개사에게 의뢰 유도, 부당차별
  - 특정 가격 이하로 의뢰하지 않도록 유도
  - 중개대상물 광고 방해
  - 시세보다 높은 가격으로 광고 강요 또는 유도

41강 부동산거래질서 교란행위신고센터

▶부동산거래질서 교란행위 신고센터의 설치·운영

1 설치 및 운영

(1) 국토교통부장관(대통령령이 정하는 기관에 위탁할 수 있음)·운영 및 방법은 대통령령으로 정함

(2) 업 무
- 부동산거래질서교란행위 신고의 접수 및 상담
- 신고사항에 대한 확인 또는 시·도지사 및 등록관청 등에 신고사항에 대한 조사 및 조치요구
- 신고인에 대한 신고사항 처리 결과 통보

2 거래질서교란행위신고센터의 신고사항이 아닌 것

- 개업공인중개사가아닌 자가 중개대상물 표시·광고
- 중개대상물광고시 성명 등 표기의무, 부당표시광고 금지
- 확인설명서 및 거래계약서 관련의무
- 정보통신서비스제공자, 거래정보사업자, 협회 관련 위반

> **주의** 신고사항 : 부동산거래신고, 해제신고, 금지행위

3 신고센터의 설치 등

- 국토교통부장관은 부동산거래질서교란행위신고센터를 한국부동산원에 설치
- 한국부동산원은 신고센터의 업무처리 방법, 절차 등에 관한 운영규정을 정하여 국토교통부장관의 승인. 변경 시도 같음

4 신고접수 등

(1) 부동산거래질서교란행위를 인지한 자는 그 사실을 신고하거나 상담할 수 있음
(2) 신고하려는 자는 다음의 사항을 포함한 신고서(전자문서를 포함)를 제출하여야 함
  - 신고자, 피신고자의 인적사항
  - 부동산거래질서교란행위의 발생일시·장소 및 그 내용
  - 신고내용을 증명할 수 있는 증거자료 또는 참고인의 인적사항
  - 그 밖에 신고처리에 필요한 사항
(3) 신고센터는 신고사항에 대한 보완이 필요한 경우 보완요구할 수 있음

5 신고사항의 확인 등

- 신고센터는 사실관계를 확인하여야 함
- 신고센터는 다음의 어느 하나에 해당하는 경우 신고사항의 처리를 종결할 수 있음
  - 신고내용이 명백히 거짓인 경우
  - 신고자가 보완요구를 받고도 보완에 응하지 아니한 경우
  - 정당한 사유 없이 다시 신고한 경우로서 새로운 사실이나 증거자료가 없는 경우
  - 이미 수사기관에서 수사 중이거나 재판에 계류 중이거나 법원의 판결에 의해 확정된 경우
- 부동산거래질서교란행위에 해당하는 경우에는 시·도지사, 등록관청 등에 그 결과를 통보하고 이에 대한 조사 및 조치를 요구하여야 함
- 시·도지사, 등록관청 등은 신속하게 해당 요구에 따른 조사 및 조치를 완료하고, 완료한 날부터 10일 이내에 그 결과를 신고센터에 통보하여야 함
- 신고센터는 처리 결과를 통보받은 경우 그 내용을 신고자에게 통보하여야 함
- 신고센터는 매월 10일까지 직전 달의 신고사항 접수 및 처리 결과 등을 국토교통부장관에게 제출하여야 함

42강 중개보수(Ⅰ)

▶중개보수청구권

1 중개보수의 의의
개업공인중개사에 의해 거래계약이 체결되면 당연히 중개보수의 약정 여부에 불구하고 보수를 청구할 수 있음(개업공인중개사는 상인이므로)

2 청구권의 발생
중개보수청구권은 중개계약에 의하여 발생함

3 청구권의 행사
기본조건은 중개완성
- 원칙 : 중개보수의 지급시기는 개업공인중개사와 중개의뢰인 간의 약정에 따름
- 예외 : 약정이 없을 때에는 중개대상물의 거래대금 지급이 완료된 날

4 청구권 소멸
- 개업공인중개사의 고의 또는 과실로 인하여 중개의뢰인 간의 거래행위가 무효, 취소 또는 해제된 경우
- 이미 받은 중개보수는 반환하여야 함

▶주 택

1 주택(부속토지를 포함)
국토교통부령이 정하는 범위 안에서 특별시·광역시 또는 도의 조례로 정함(의뢰인 쌍방으로부터 각각 받음)

2 일방으로부터 받을 수 있는 한도(국토교통부령이 정하는 범위)
- 매매·교환 : 거래금액의 1천분의 9 이내
- 임대차 등 : 거래금액의 1천분의 8 이내

3 주택 면적이 2분의 1 이상인 경우
주택에 대한 중개보수 규정을 적용함

4 주택 소재지와 사무소 소재지가 다른 경우
- 그 사무소를 관할하는 시·도의 조례로 정한 기준에 따라 중개보수를 받아야 함
- 분사무소 소재지 시·도 조례

▶주택 외 대상물
1 주택 외 대상물
국토교통부령으로 정하는 범위 내에서 상호 협의하여 결정

2 일방으로 받을 수 있는 범위
매매·교환·임대차 등 모두 거래금액의 1천분의 9

3 요율표의 게시 및 초과수수 금지
- 실제 자기가 받고자 하는 중개보수의 상한요율을 사무소에 게시한 중개보수·실비 요율표 및 한도액표에 명시하여야 함
- 이를 초과하여 중개보수를 받아서는 아니 됨

▶오피스텔
1 일정조건의 오피스텔
- 조건 : 전용면적 85m² 이하, 전용입식부엌, 욕실, 화장실(모두 해당되어야 함)
- 중개보수 요율
  - 매매, 교환 : 1천분의 5
  - 임대차등 : 1천분의 4

43강
중개보수(Ⅱ)

2 그 외 오피스텔

주택 외 대상물 적용(매매, 교환, 임대차 등 모두 1천분의 9)

▶중개보수의 계산

1 월차임이 있는 임대차의 경우

- 보증금 + (월세액 × 100)
- 계산하여 금액이 5천만원 미만인 경우에는 다시 보증금 + (월세액 × 70)으로 계산

2 교환의 경우

고액의 중개물건 가액 × 요율

3 점유개정인 경우

- 동일 중개대상물에 대하여 동일 당사자간에 매매를 포함한 둘 이상의 거래가 동일 기회에 이루어지는 경우
- 매매계약에 관한 거래금액만을 적용함

4 분양권 전매의 경우

실제거래가격(기 납입된 금액 + 프리미엄) × 요율

▶실 비

1 권리관계 등의 확인에 소요되는 비용

매도, 임대 등 권리를 이전하고자 하는 중개의뢰인에게 청구할 수 있음

2 계약금등의 반환채무이행 보장에 소요된 비용

매수, 임차 등 권리를 취득하고자 하는 의뢰인에게 실비로 받을 수 있음

3 실비의 청구의 범위 : 시·도 조례로 정함

지도·감독

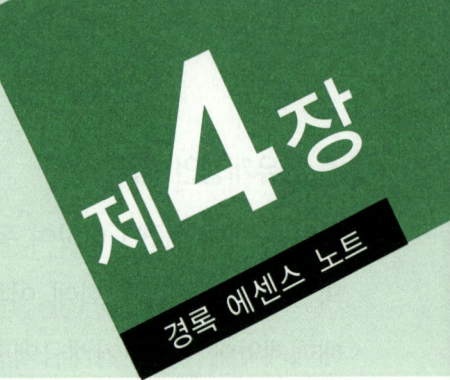

▶ 지도·감독

1 지도·감독권자
- 국토교통부장관, 시·도지사 및 등록관청
- 분사무소 소재지의 시장·군수 또는 구청장을 포함

2 지도·감독대상자
- 개업공인중개사(무등록업자 포함)
- 거래정보사업자

▶ 지도·감독 방법

1 보고 또는 명령

개업공인중개사 또는 거래정보사업자로 하여금 그 업무에 관한 사항을 보고하게 하거나 자료의 제출 기타 필요한 명령을 할 수 있음

2 중개사무소 출입
- 소속공무원으로 하여금 중개사무소에 출입하여 장부, 서류 등을 조사 또는 검사하게 하거나 질문을 하게 할 수 있음
- 중개사무소 개설등록 하지 않고 중개업을 하는 자의 사무소를 포함
- 출입시 공무원증과 중개사무소 조사검사증명서 제시해야 함

▶ 지도·감독 사유
- 부동산투기 등 거래동향의 파악을 위하여 필요한 경우
- 이 법 위반행위의 확인, 공인중개사의 자격취소·정지 및 개업공인중개사에 대한 등록취소·업무정지 등 행정처분을 위하여 필요한 경우

▶ 협조요청

1 협조요청
- 국토교통부장관, 시·도지사 및 등록관청은 불법 중개행위 등에 대한 단속을 함에 있어서 필요한 때에는 공인중개사협회 및 관계 기관에 협조를 요청할 수 있음
- 공인중개사협회는 특별한 사정이 없는 한 이에 따라야 함

2 지도·감독상 명령을 위반한 경우
- 개업공인중개사 : 업무정지
- 거래정보사업자 : 500만원 이하의 과태료

▶ 행정처분 내용

처분의 내용	대상자	처분청
지정취소	거래정보사업자	국토교통부장관
자격취소	공인중개사	시·도지사(자격증 교부)
자격정지	소속공인중개사	시·도지사(자격증 교부)
등록취소	개업공인중개사	등록관청
업무정지	개업공인중개사	등록관청

45강 행정처분

▶ 청 문

1 청문대상
지정취소, 자격취소, 등록취소

2 청문절차
청문대상은 「공인중개사법」에 있으나 청문절차는 「행정절차법」에 따름

▶지정취소

1 취소권자

다음의 경우 국토교통부장관이 취소할 수 있음
- **거짓** 그 밖의 부정한 방법으로 지정을 받은 경우
- **운영**규정을 위반한 경우
- **정보**공개의무를 위반한 경우
- 지정받은 날부터 **1년** 이내에 설치·운영하지 아니한 경우
- **사망** 또는 해산 그 밖의 사유로 계속적인 운영이 불가능한 경우(청문 대상 아님)

2 처분후의 조치

지정서 반납 규정 없음, 결격사유 없음

46강 자격취소

▶자격취소

1 취소권자

시·도지사 - 취소하여야 함

2 취소사유

- **부**정한 방법으로 자격을 취득한 경우
- 자격증을 **양**도 또는 대여한 경우
- **자**격정지기간 중에 업무를 행하거나 이중소속을 한 경우
- 이 법 또는 공인중개사의 직무와 관련하여 「형법」상 범죄단체조직, 사문서의 위조·변조, 위조문서등의 행사, 사기, 횡령·배임, 업무상 횡령과 배임을 위반하여 **금고** 이상의 형(집행유예를 포함)을 선고받은 경우

3 자격을 취소할 수 있는 처분권자

- 당해 공인중개사의 자격증서를 교부한 시·도지사가 함
- 자격증을 교부한 시·도지사와 사무소의 소재지를 관할하는 시·도지사가 서로 다른 경우 : 사무소의 소재지를 관할하는 시·도지사가 자격취소처분에 필요한 절차를 모두 이행한 후 자격증을 교부한 시·도지사에게 통보하여야 함

4 자격증의 반납

- 자격취소처분을 받은 날부터 7일 이내에 교부한 시·도지사에게 반납하여야 함
- 분실등의 사유로 인하여 자격증을 반납할 수 없는 자는 사유서를 시·도지사에게 제출하여야 함

5 시·도지사의 통보

시·도지사는 공인중개사 자격을 취소한 경우 5일 이내에 국토교통부장관에게 보고하고 다른 시·도지사에게 통보하여야 함

47강 자격정지

▶ 자격정지

1 처분권자
시·도지사 - 6월 정지할 수 있음

2 정지사유
- **2** 이상의 중개사무소에 소속된 경우
- **인**장 위반
- 확인·**설**명(서) 관련 사항을 위반한 경우
- 거래**계**약서에 서명 및 날인을 하지 아니한 경우
- 거래계약서에 **거**짓 기재하거나 2중 계약서 작성한 경우
- 개업공인중개사 등의 금**지**행위를 한 경우

3 자격정지 처분권자
- 당해 공인중개사의 자격증서를 교부한 시·도지사가 함
- 자격증을 교부한 시·도지사와 사무소의 소재지를 관할하는 시·도지사가 서로 다른 경우 : 사무소의 소재지를 관할하는 시·도지사가 자격정지처분에 필요한 절차를 모두 이행한 후 자격증을 교부한 시·도지사에게 통보하여야 함

4 등록관청의 통보의무
등록관청은 공인중개사가 자격정지사유에 해당하는 사실을 알게 된 때에는 지체없이 그 사실을 시·도지사에게 통보하여야 함

▶자격정지기준

1 자격정지기준(국토교통부령)

위반행위	자격정지기준
• 2 이상의 중개사무소에 소속된 경우	6월
• 인장 위반	3월
• 확인·설명(서) 관련 사항을 위반한 경우	3월
• 거래계약서에 서명 및 날인을 하지 않은 경우	3월
• 거래계약서에 거짓기재하거나 2중계약서를 작성한 경우	6월
• 금지행위를 한 경우	6월

2 가중 또는 감경
- 시·도지사는 위반행위의 동기·결과 및 횟수 등을 참작하여 자격정지기간의 2분의 1 범위 안에서 가중 또는 경감할 수 있음
- 이 경우 가중하여 처분하는 때에도 자격정지기간은 6월을 초과할 수 없음

▶절대등록취소

1 취소권자
등록관청 - 취소하여야 함

48강
등록취소

2 취소사유
- **거짓**·부정한 방법으로 등록을 한 경우
- **사망** 또는 해산한 경우
- **이중**등록 또는 이중소속 한 경우
- **결격**사유에 해당하는 경우
- 등록증 **양도** 또는 대여한 경우
- 업무**정지**기간 중에 업무, 자격정지기간 중에 업무를 하게 한 경우
- 최근 1년 이내에 **2회** 이상 업무정지 받고 다시 업무정지 행위를 한 경우
- 중개**보조**원 채용제한을 위반하여 보조원을 채용한 경우

▶상대등록취소

1 취소권자

등록관청 – 취소할 수 있음

2 취소사유

- **이중**사무소 또는 임시 중개시설물을 설치한 경우
- 등록**기준**에 미달하게 된 경우
- 법인이 이 법에서 규정된 것 이외의 **겸업**을 한 경우
- 정당한 사유 없이 **6월**을 초과하여 휴업한 경우
- **전속**중개계약 시 정보공개의무를 위반한 경우
- 거래계약서에 **거짓**으로 기재하거나 서로 다른 2 이상의 계약서를 작성한 경우
- **보증**설정을 이행하지 아니하고 업무를 개시한 경우
- 개업공인중개사 등의 **금지**행위를 한 경우
- 최근 1년 이내에 **3회** 이상 업무정지 또는 과태료의 처분을 받고 다시 업무정지 또는 과태료의 처분에 해당하는 행위를 한 경우(**절대 등록취소 사유 제외**)
- 「**독점**규제 및 공정거래에 관한 법률」의 금지행위를 위반하여 과징금 또는 시정조치처분을 최근 2년 이내에 2회 이상 받은 경우

▶등록취소 후 절차

1 등록증 반납

등록취소된 날부터 7일 이내에 등록관청에 반납하여야 함

2 법인의 해산으로 등록취소된 경우

- 법인의 대표자이었던 자가 등록취소처분을 받은 날부터 7일 이내에 등록증을 반납하여야 함
- 사망으로 인한 등록취소는 반납 안 함

3 위반시 : 100만원 이하 과태료

49강 업무정지

▶ **업무정지**

1 처분권자 : 등록관청 - 6월의 범위 안에서 명할 수 있음

2 처분사유

- 결격사유가 있는 **고**용인 2월 내 해소하지 않은 경우
- **인**장위반
- **거**래정보망에 거짓으로 공개하거나 거래 완성된 사실을 통보하지 아니한 경우
- **전**속중개계약시 법정서식 사용하지 않았거나 3년간 보관하지 않은 경우
- 확인·**설**명서를 교부·보존, 서명 및 날인을 하지 아니한 경우
- 거래**계**약서 작성·교부, 보존, 서명 및 날인을 하지 아니한 경우
- **지**도·감독상 명령에 위반한 경우
- **상**대등록취소 사유에 해당하는 경우
- 독점규제법률의 금지행위를 위반하여 과징금 또는 시정조치를 받은 경우
- 최근 1년 이내에 **2회** 이상 업무정지 또는 과태료의 처분을 받고 다시 과태료의 처분에 해당하는 행위를 한 경우
- 그 밖에 이 법 또는 이 법에 의한 **명령**이나 처분에 위반한 경우

3 업무정지사유의 제척기간(소멸시효)

업무정지처분에 해당하는 사유가 발생한 날부터 3년이 경과한 때는 이를 할 수 없음

4 분사무소

법인 또는 분사무소별로 업무의 정지를 명할 수 있음

5 자료제공 요청

국토교통부장관, 시·도지사, 등록관청은 독점규제법을 위반하여 처분받은 개업공인중개사에 대하여 처분하고자 하는 경우 미리 공정거래위원회에 자료 제공을 요청할 수 있으며 공정거래위원회는 특별한 사유가 없으면 이에 따라야 함

▶업무정지기준

1 업무정지기준

위반행위	업무정지기준
• 결격사유자를 고용인으로 둔 경우	6월
• 거래정보망에 중개대상물에 관한 정보를 거짓으로 공개한 경우	6월
• 상대등록취소사유에 해당하는 경우	6월
• 최근 1년 이내에 2회 이상 업무정지 또는 과태료의 처분을 받고 다시 과태료의 처분에 해당하는 행위를 한 경우	6월
• 「독점규제 및 공정거래에 관한 법률」의 부당경쟁제한 금지행위 위반하여 같은 과징금 처분을 받은 경우	6월

2 가중 또는 감경

- 기간 계산은 위반행위에 대하여 업무정지처분 또는 과태료 부과처분을 받은 날과 그 처분 후 다시 같은 위반행위를 하여 적발된 날을 기준으로 함(상대등록취소와 연속 처분 받은 경우)
- 위반행위가 둘 이상인 경우에는 각 업무정지기간을 합산한 기간을 넘지 않는 범위에서 가장 무거운 처분기준의 2분의 1의 범위에서 가중함(업무정지기간은 6개월을 넘을 수 없음)
- 등록관청은 다음에 해당하는 경우 업무정지기간의 2분의 1 범위에서 줄일 수 있음
    - 위반행위가 사소한 부주의나 오류 등 과실로 인한 것으로 인정되는 경우
    - 위반행위자가 법 위반행위를 시정하거나 해소하기 위하여 노력한 사실이 인정되는 경우
    - 그 밖에 위반행위의 동기와 결과, 위반 정도 등을 고려하여 업무정지기간을 줄일 필요가 있다고 인정되는 경우
- 등록관청은 다음에 해당하는 경우에는 업무정지기간의 2분의 1 범위에서 그 기간을 늘릴 수 있음(다만, 6개월을 넘을 수 없음)

- 위반행위의 내용·정도가 중대하여 소비자 등에게 미치는 피해가 크다고 인정되는 경우
- 그 밖에 위반행위의 동기와 결과, 위반정도 등을 고려하여 업무정지기간을 늘릴 필요가 있다고 인정되는 경우

▶행정처분의 승계

1 폐업신고 전의 지위승계

- 폐업 후 다시 개설등록을 한 때 폐업신고전의 개업공인중개사의 지위를 승계함
- 폐업 후 재등록 개업공인중개사에 대하여 폐업신고전의 등록취소 또는 업무정지 위반행위에 대한 행정처분을 할 수 있음
- 행정처분을 함에 있어서는 폐업기간과 폐업의 사유 등을 고려하여야 함

2 폐업신고 전의 위반행위에 대해 행정처분을 하지 않는 경우

- 폐업 전 행위가 등록취소 위반행위인 경우 : 폐업기간이 3년을 초과
- 폐업 전 행위가 업무정지 위반행위인 경우 : 폐업기간이 1년을 초과

3 처분한 것의 승계

폐업신고전의 업무정지, 과태료의 위반행위를 사유로 행한 행정처분의 효과는 그 처분일부터 1년간 재등록 개업공인중개사에게 승계됨

4 법인의 대표자

법인인 경우에는 대표자에 승계규정을 적용함

51강 보칙

▶ 업무위탁

1 업무위탁의 근거
국토교통부장관, 시·도지사, 등록관청은 대통령령이 정하는 바에 따라 협회 또는 대통령령이 정하는 기관에 업무의 일부를 위탁할 수 있음

2 교육의 위탁

(1) 위탁권자 : 시·도지사

(2) 위탁대상

실무교육, 직무교육, 연수교육에 관한 업무를 위탁하는 때

(3) 위탁기관

다음의 기관 또는 단체 중 교육에 필요한 인력 및 시설을 갖추었다고 인정되는 기관 또는 단체에 위탁하여야 함(위탁한 때 관보 고시)
- 부동산관련학과가 개설된 「고등교육법」 제2조에 의한 학교
- 공인중개사협회
- 공기업 또는 준정부기관

▶ 교육기관의 지정요건

1 강사확보

- 교육과목과 관련된 분야의 박사학위 소지자
- 전임강사 이상으로 교육과 관련된 과목을 2년 이상 강의한 경력이 있는 자
- 교육과목과 관련 분야의 석사학위 취득 후 연구 또는 실무경험이 3년 이상인 자
- 변호사자격이 있는 자로서 법률에 관한 사무에 2년 이상 종사한 자
- 7급 이상의 공무원으로 6개월 이상 중개업 관련 업무를 담당한 경력이 있는 자
- 그 밖에 공인중개사·감정평가사·주택관리사·건축사·공인회계사·법무사 또는 세무사 등으로서 부동산 관련 분야에 3년 이상을 근무한 경력이 있는 자

2 강의실 확보
면적이 50㎡ 이상인 강의실 1개소 이상을 확보

▶신고 또는 고발에 대한 포상금
1 신고 또는 고발대상
(1) 대 상
- 중개사무소의 개설등록을 하지 아니하고 중개업을 한 자
- 거짓 그 밖의 부정한 방법으로 중개사무소의 개설등록을 한 자
- 등록증 또는 자격증을 다른 사람에게 양도·대여하거나 양수·대여 받은 자
- 개업공인중개사가 아니면서 중개대상물에 대한 표시·광고를 한 자
- 거래질서 교란행위를 한 자

(2) 신고 또는 고발하는 곳
등록관청, 수사기관, 거래질서 교란행위 신고센터

2 포상금
(1) 포상금의 범위 및 국고보조
- 포상금은 1건당 50만원으로 함
- 국고에서 100분의 50 이내에서 보조할 수 있음

(2) 지급조건
- 행정기관에 의하여 발각되기 전에 신고 또는 고발한 자
- 검사가 공소제기 또는 기소유예의 결정을 한 경우에 한하여 지급

(3) 포상금 지급신청서 제출
포상금을 지급받고자 하는 자는 포상금지급신청서를 등록관청에 제출하여야 함

(4) 포상금 지급
- 등록관청은 포상금 지급신청이 있는 때 그 사건에 관한 수사기관의 처분내용을 조회한 후 포상금지급을 결정함
- 그 결정일부터 1월 이내에 포상금을 지급하여야 함

(5) 지급방법

- 하나의 사건에 대하여 2인 이상이 공동으로 신고 또는 고발한 경우
  - 균등배분이 원칙
  - 배분에 대하여 당사자가 합의한 경우 합의한 대로 지급
- 하나의 사건에 대하여 2건 이상의 신고 또는 고발이 접수된 경우
  : 최초 신고자에게 지급

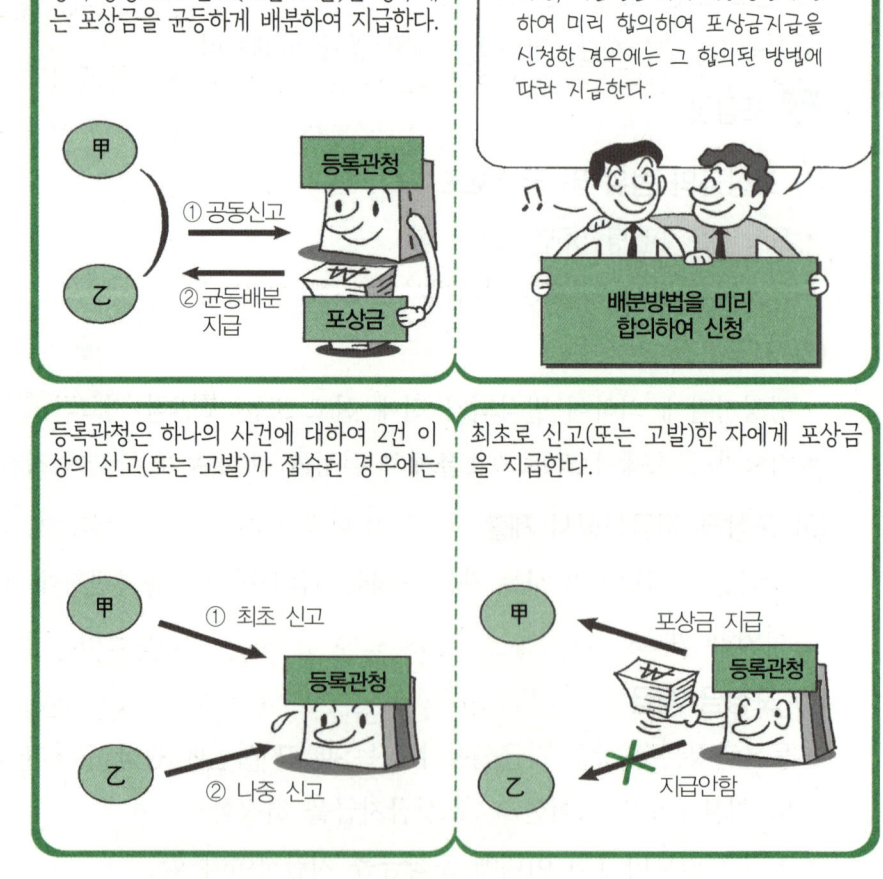

▶**지방자치단체의 조례가 정하는 바에 따른 수수료 납부대상**
- 공인중개사자격시험에 응시하는 자
- 공인중개사자격증의 재교부를 신청하는 자
- 중개사무소의 개설등록을 신청하는 자
- 중개사무소등록증의 재교부를 신청하는 자
- 분사무소설치의 신고를 하는 자
- 분사무소설치신고필증의 재교부를 신청하는 자

공인중개사협회

▶ 협회의 성격 및 설립목적

1 협회의 성격
- 비영리사단법인(민법상 사단법인 규정 준용)
- 인가주의
- 임의설립주의(설립할 수 있음)
- 임의가입주의

2 설립목적
- 자질향상 및 품위유지
- 중개업에 관한 제도의 개선 및 운용에 관한 업무를 효율적으로 수행하기 위하여

▶ 협회의 설립절차
- 발기인 : 회원 300인 이상이 발기인이 되어, 정관을 작성하여 서명·날인
- 창립총회 : 회원 600인 이상 출석
  - 서울특별시에서 100인 이상, 광역시 및 도에서 각 20인 이상 출석, 출석한 회원의 과반수의 동의로 정관 의결
- 인가 : 국토교통부장관의 인가
- 등기 : 그 주된 사무소의 소재지에서 등기

▶협회의 조직 및 업무

1 지부 또는 지회

- 정관이 정하는 바에 따라 특별시·광역시·도에 지부를 둘 수 있으며 시·군·구에 지회를 둘 수 있음
- 지부를 설치한 때 시·도지사에게, 지회를 설치한 때 등록관청에 신고하여야 함

2 총 회

총회의 의결내용을 지체없이 국토교통부장관에게 보고

3 협회의 업무

협회의 설립목적 달성을 위해 다음의 업무를 수행할 수 있음

- 회원의 품위유지를 위한 업무
- 부동산중개제도의 연구·개선에 관한 업무
- 회원의 자질향상을 위한 지도 및 교육·연수에 관한 업무
- 회원의 윤리헌장 제정 및 그 실천에 관한 업무
- 부동산 정보제공에 관한 업무
- 공제사업(회원간의 상호부조를 목적으로 한 비영리사업)
- 그 밖에 협회의 설립목적 달성을 위하여 필요한 업무

53강 공제사업(Ⅰ)

▶공제사업의 범위 및 목적

1 공제사업의 목적

- 공제사업은 협회의 고유업무로서 공제사업을 할 수 있음
- 공제사업은 비영리사업으로서 회원의 상호부조를 목적으로 함

2 공제사업의 범위

- 공제기금의 조성
- 공제금의 지급
- 공제규정에서 정하는 부대업무

▶공제규정

1 공제규정의 제정 및 승인

- 국토교통부장관의 승인 : 공제사업을 하고자 하는 때(공제규정을 변경하고자 하는 때)
- 공제규정에 포함될 사항 : 공제사업의 범위, 공제계약의 내용, 공제금, 공제료, 회계기준 및 책임준비금의 적립비율 등

2 공제료
공제사고 발생률, 보증보험료 등을 종합적으로 고려하여 결정한 금액

▶회계기준 및 책임준비금
1 회계기준
공제사업의 회계는 다른 회계와 분리하여 처리하여야 하며, 공제사업을 손해배상기금과 복지기금으로 구분하여 각 기금별 목적 및 회계원칙에 부합되는 세부기준을 규정

2 책임준비금의 적립비율
- 공제사고 발생율 및 공제금 지급액 등을 종합적으로 고려하여 결정
- 공제료 수입액의 100분의 10 이상으로 정함
- 다른 용도로 사용하고자 할 때 국토교통부장관의 승인

▶운영실적 공시
1 운용실적 공시
- 매년도의 공제사업 운용실적을 공제계약자에게 공시하여야 함
- 매회계연도 종료 후 3월 이내 일간신문 또는 협회보에 공시하고 협회 홈페이지에 게시

2 운영실적 공시사항
- 결산서인 요약 대차대조표, 손익계산서 및 감사보고서
- 공제료 수입액, 공제금 지급액, 책임준비금 적립액, 보유자산 운용현황 및 공제사업 운용인력 현황
- 그 밖에 공제사업 운용과 관련된 참고사항

54강 공제사업(Ⅱ)

▶공제사업 운영위원회

1 운영위원회의 설치

(1) **목적** : 공제사업에 관한 사항을 심의, 그 업무집행을 감독 – 협회에 운영위원회를 둔다.

(2) **위원** : 협회의 임원, 중개업·법률·회계·금융·보험·부동산 분야 전문가, 관계 공무원 및 그 밖에 중개업 관련 이해관계자로 구성
 - 성별을 고려하여 구성하며 그 수는 19명 이내로 함

(3) **세부사항** : 운영위원회의 구성과 운영에 필요한 세부사항은 대통령령으로 정함

2 운영위원회 심의사항

- 사업계획·운영 및 관리에 관한 기본방침
- 예산 및 결산에 관한 사항
- 차입금에 관한 사항
- 주요 예산집행에 관한 사항
- 공제약관·공제규정의 변경과 공제와 관련된 내부규정의 제정·개정 및 폐지에 관한 사항
- 공제금, 공제가입금, 공제료 및 그 요율에 관한 사항
- 정관으로 정하는 사항

3 운영위원회의 위원의 대상

- 국토교통부장관이 소속 공무원 중에서 지명하는 사람 1명
- 협회의 회장 및 협회 이사회가 협회의 임원 중에서 선임하는 사람
    - 전체 위원 수의 3분의 1 미만으로 구성

- 협회의 회장이 추천하여 국토교통부장관의 승인을 받아 위촉하는 사람
  - 대학 또는 정부출연연구기관에서 부교수 또는 책임연구원 이상으로 재직하고 있거나 재직하였던 사람으로서 부동산 분야 또는 법률·회계·금융·보험 분야를 전공한 사람
  - 변호사·공인회계사 또는 공인중개사의 자격이 있는 사람
  - 금융감독원 또는 금융기관에서 임원 이상의 직에 있거나 있었던 사람
  - 공제조합 관련 업무에 5년 이상 종사한 사람
  - 소비자 단체 및 한국소비자원의 임원으로 재직 중인 사람

4 운영위원회의 운영

(1) 위원의 임기 : 2년으로 하되 1회에 한하여 연임할 수 있음
  보궐위원의 임기는 전임자 임기의 남은 기간으로 함

(2) 위원장과 부위원장 : 각각 1명을 둠
- 위원장 및 부위원장은 위원 중에서 각각 호선(互選)함
- 위원장 : 운영위원회의 회의를 소집하며 그 의장이 됨
- 부위원장 : 위원장을 보좌, 위원장이 부득이한 사유로 그 직무를 수행할 수 없을 때 그 직무를 대행

(3) 의결 : 재적위원 과반수 출석으로 개의, 출석위원 과반수 찬성으로 의결

(4) 간사 및 서기
- 운영위원회의 사무를 처리하기 위하여
- 공제업무를 담당하는 협회의 직원 중에서 위원장이 임명함
- 간사는 회의 때마다 회의록을 작성, 다음 회의에 보고하고 이를 보관하여야 함

(5) 운영위원회의 운영에 필요한 사항 : 운영위원회의 심의를 거쳐 위원장이 정함

55강 공제사업(Ⅲ)

▶조사검사 및 개선명령

1 조사 또는 검사

금융감독원의 원장은 국토교통부장관의 요청이 있는 경우 공제사업에 관하여 조사 또는 검사를 할 수 있음

2 공제사업 운영의 개선명령

- 명령권자 : 국토교통부장관
- 사유 : 협회의 공제사업 운영이 적정하지 아니하거나 자산상황이 불량하여 중개사고 피해자 및 공제 가입자 등의 권익을 해칠 우려가 있다고 인정하는 경우
- 위반시 : 500만원 이하 과태료

3 개선명령 사항

- 업무**집**행방법의 변경
- 자산**예**탁기관의 변경
- 자산의 **장**부가격의 변경
- **불**건전한 자산에 대한 **적**립금의 보유
- **가**치가 없다고 인정되는 자산의 **손**실처리
- 그 밖에 이 법 및 공제규정을 준수하지 아니하여 공제사업의 건전성을 해할 우려가 있는 경우 이에 대한 개선명령

▶재무건전성 유지의무

1 재무건전성의 유지

공제금 지급능력과 경영의 건전성을 확보하기 위하여
- 자본의 적정성에 관한 사항
- 자산의 건전성에 관한 사항
- 유동성의 확보에 관한 사항

2 재무건전성 기준
협회는 다음의 재무건전성기준을 모두 준수하여야 함
- 지급여력비율은 100분의 100 이상을 유지할 것
- 구상채권 등 보유자산의 건전성을 정기적으로 분류하고 대손충당금을 적립할 것

▶재무건전성

1 지급여력비율
지급여력금액을 지급여력기준금액으로 나눈 비율을 말함

(1) **지급여력금액** : 자본금, 대손충당금, 이익잉여금, 그 밖에 이에 준하는 것으로서 국토교통부장관이 정하는 금액을 합산한 금액에서 영업권, 선급비용 등 국토교통부장관이 정하는 금액을 뺀 금액

(2) **지급여력기준금액** : 공제사업을 운영함에 따라 발생하게 되는 위험을 국토교통부장관이 정하는 방법에 따라 금액으로 환산한 것

2 세부기준
국토교통부장관은 재무건전성 기준에 필요한 세부기준을 정할 수 있음

▶임원의 제재 및 시정명령

1 제재권자
국토교통부장관

2 제재 및 시정명령 사유
협회의 임원이 다음의 어느 하나에 해당하여 공제사업을 건전하게 운영하지 못할 우려가 있는 경우 그 임원에 대한 징계·해임을 요구하거나 해당 위반행위를 시정하도록 명할 수 있음

- 공제규정을 위반하여 업무를 처리한 경우
- 개선명령을 이행하지 아니한 경우
- 재무건전성 기준을 지키지 아니한 경우

▶지도·감독

1 감독권자 및 대상
국토교통부장관이 협회와 그 지부 및 지회에 대하여

2 감독방법
- 업무에 관한 사항을 보고하게 하거나, 자료의 제출 기타 필요한 명령을 할 수 있음
- 소속공무원으로 하여금 그 사무소에 출입하여 장부·서류 등을 조사 또는 검사하게 하거나 질문을 하게 할 수 있음

3 증표제시
출입·조사 등을 하는 공무원은 그 권한을 표시하는 증표(공무원증과 협회 조사검사증명서)를 지니고 상대방에게 이를 내보여야 함

벌칙

▶ 행정벌

1 행정형벌
- 행정상의 의무위반으로 행정목적을 직접적으로 침해할 때 부과하는 형벌
- 형법상에 규정된 형벌을 제외한 다른 개별법상의 형벌은 모두 행정형벌임

2 행정질서벌
- 행정상 질서에 장해를 줄 위험성이 있을 정도의 의무위반을 했을 경우 과하는 벌
- 형법상 형이 아닌 과태료를 부과하도록 규정하고 있음

▶ 행정형벌

1 3년 이하 징역 또는 3천만원 이하 벌금
- 중개사무소 개설등록을 하지 않고 중개업을 한 자
- 거짓부정한 방법으로 중개업의 등록을 받은 자
- 양도 알선이 금지된 증서 등의 중개하거나 그 매매를 업으로 하는 행위
- 중개의뢰인과 직접 거래를 하거나 거래당사자 쌍방을 대리하는 행위
- 투기조장(미등기전매 중개, 전매 제한된 것 중개) 행위
- 시세에 부당한 영향을 주는 행위
- 단체를 구성하여 공동중개를 제한하는 행위
- 중개의뢰제한 또는 제한유도
- 특정 개업공인중개사에게 의뢰 유도, 부당차별

- 특정 가격 이하로 의뢰하지 않도록 유도
- 중개대상물 광고 방해
- 높은 가격으로 광고 강요 또는 유도

2 1년 이하 징역 또는 1천만원 이하 벌금

- 자격증 양도·대여한 자 또는 양수·대여받은 자
- 공인중개사가 아닌 자가 유사한 명칭을 사용한 자
- 이중등록을 하거나 2 이상의 중개사무소에 소속된 자
- 2 이상의 중개사무소를 둔 자, 임시 중개시설물을 설치한 자
- 개업공인중개사가 아닌 자가 유사한 명칭을 사용한 자
- 개업공인중개사가 아닌 자로서 중개대상물에 대한 표시·광고를 한 자
- 등록증 양도·대여한 자 또는 양수·대여받은 자
- 정보공개의무를 위반한 거래정보사업자
- 업무상 비밀을 누설한 자(피해자의 명시한 의사에 반하여 벌하지 아니함)
- 중개대상물의 매매를 업으로 하는 행위를 한 자
- 무등록업자인 사실을 알면서 중개의뢰 받거나 자기의 명의를 이용하게 한 자
- 중개보수 및 실비 초과 수수한 자
- 거짓 언행으로 중개의뢰인의 판단을 그르치게 하는 행위를 한 자

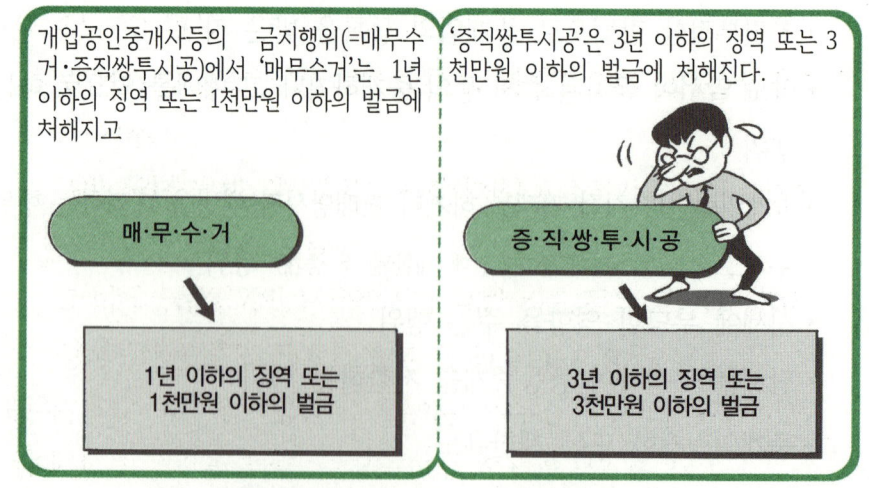

3 양벌규정

- 고용인 또는 사원·임원이 중개업무에 관하여 형벌사항의 규정에 해당하는 위반행위를 한 때 행위자를 벌하는 외에 그 개업공인중개사에 대해 동조에 규정된 벌금형을 과함
- 다만 개업공인중개사가 그 위반행위를 방지하기 위하여 해당 업무에 관하여 상당한 주의와 감독을 게을리 하지 않은 경우에는 양벌규정이 적용되지 않음

▶행정질서벌

1 500만원 이하의 과태료

- 부당한 표시·광고를 한 개업공인중개사
- 모니터링 관련 위반 정보통신서비스 제공자(자료제출 요구, 필요한 조치 요구)
- 운영규정 위반자
- 확인·설명의무를 위반한 개업공인중개사
- 연수교육을 정당한 사유 없이 받지 아니한 자
- 지도·감독 위반자(**거래정보사업자, 협회**)
- 공제사업 운용실적을 공시하지 아니한 공제사업자
- 공제업무의 개선명령을 이행하지 아니한 자
- 임원 징계·해임의 요구, 시정명령을 이행하지 아니한 자
- 중개보조원 사실 고지의무 위반(개업공인중개사, 중개보조원)

57강 행정질서벌

2 100만원 이하 과태료

- 중개사무소등록증 등을 게시하지 아니한 자
- 사무소의 명칭사용의무를 위반한 자
- 성명표기의무를 위반한 자
- 중개대상물의 중개에 관한 표시·광고 관련 위반한 자
- 중개사무소의 이전신고를 하지 아니한 자
- 휴업·폐업 관련 신고의무 위반한 자
- 업무보증에 관하여 설명하지 아니하거나 관계증서의 사본을 교부하지 않은 자
- 자격취소 후 자격증을 반납하지 아니한 자
- 등록취소 후 중개사무소등록증을 반납하지 아니한 자

3 과태료 부과징수권자

- 국토교통부장관 : 정보통신서비스제공자, 거래정보사업자 및 협회
- 시·도지사 : 연수교육의무 위반, 자격증 미반납
- 등록관청 : 개업공인중개사

4 가중 또는 감경

- 감경 : 사소한 부주의나 오류, 시정해소를 위해 노력한 경우 등인 경우 과태료의 2분의 1 범위에서 줄일 수 있음(과태료 체납의 경우 제외)
- 가중 : 위반내용이 중대하여 피해가 크다고 인정되는 경우 등에 있어 과태료의 2분의 1 범위에서 그 기간을 늘릴 수 있음
  - 다만, 500만원, 100만원 범위를 넘을 수 없음

PART 02 부동산거래신고 등에 관한 법률

출제비율

90%
80%
70%
60%
50%
40%
30%
20%
10%

13%

구 분		25회	26회	27회	28회	29회	30회	31회	32회	33회	34회	계	비율(%)
부동산 거래 신고 등에 관한 법률	제1장 총칙	0	0	0	0	0	0	0	0	1	0	1	0.3
	제2장 부동산거래신고	1	2	2	1	2	3	2	2	1	3	19	4.8
	제3장 외국인등의 부동산취득의 특례	0	1	1	1	1	1	1	1	1	1	9	2.3
	제4장 토지거래허가	0	0	0	1	1	2	2	3	4	3	16	4.0
	제5장 부동산 정보 관리 및 보칙	0	0	0	0	0	1	0	1	1	1	4	1.0
	제6장 벌칙	0	0	0	1	0	0	0	1	1	1	4	1.0
소 계		1	3	3	4	4	7	5	8	9	9	53	13.3

총칙

▶「부동산 거래신고 등에 관한 법률」의 목적

1 직접목적
부동산거래 등의 신고 및 허가에 관한 사항을 정하여

2 간접목적
건전하고 투명한 부동산거래질서를 확립하고

3 궁극목적
국민경제에 이바지

▶용어의 정의

1 부동산
토지 또는 건축물을 말함

2 부동산등
부동산 또는 부동산을 취득할 수 있는 권리를 말함

3 거래당사자
부동산등의 매수인과 매도인을 말하며, 외국인 등을 포함함

4 임대차계약당사자
부동산등의 임대인과 임차인을 말하며, 외국인 등을 포함함

5 외국인등

다음의 어느 하나에 해당하는 개인·법인 또는 단체를 말함
- 대한민국의 국적을 보유하고 있지 아니한 개인
- 외국의 법령에 따라 설립된 법인 또는 단체
- 사원 또는 구성원의 2분의 1 이상이 외국인에 해당하는 자인 법인 또는 단체
- 사원이나 이사 등 임원의 2분의 1 이상이 외국인에 해당하는 자인 법인 또는 단체
- 자본금의 2분의 1 이상이나 의결권의 2분의 1 이상 가지고 있는 법인 또는 단체
- 외국 정부
- 국제연합과 그 산하기구·전문기구, 정부간 기구, 준정부간 기구, 비정부간 국제기구

▶부동산거래신고 대상

1 부동산의 매매계약

2 다음의 법률에 따른 부동산에 대한 공급계약 및 공급받을 지위의 매매계약

- 「주택법」
- 「도시 및 주거환경정비법」
- 「건축물의 분양에 관한 법률」
- 「택지개발촉진법」
- 「도시개발법」
- 「공공주택 특별법」
- 「산업입지 및 개발에 관한 법률」
- 「빈집 및 소규모 주택정비에 관한 특례법」

3 입주자로 선정된 지위

- 「도시 및 주거환경정비법」에 따른 관리처분계획의 인가로 취득한 입주자로 선정된 지위
- 「빈집 및 소규모 주택정비에 관한 특례법」에 따른 사업시행계획인가로 취득한 입주자로 선정된 지위

▶부동산거래신고 시기 및 의무자

1 거래신고 시기 및 장소

- 계약체결일로부터 30일 이내에
- 부동산 소재지 시장·군수 또는 구청장(신고관청)에 신고

2 신고의무자

- 거래당사자, 국가 등이 당사자인 경우 국가 등(국가, 지자체, 공사 또는 공공기관)
- 개업공인중개사(개업공인중개사 중개한 경우)

부동산거래신고

▶ 거래당사자의 신고의무

1 공동신고
거래당사자(매수인 및 매도인)가 거래계약서를 작성한 때 거래당사자가 공동으로 신고하여야 함

2 공동 서명 또는 날인 후 그 중 일방이 제출
거래당사자는 거래계약신고서에 공동으로 서명 또는 날인하여 거래당사자 중 일방이 신고관청에 제출하여야 함(전자문서에 의한 제출 포함)

3 거래당사자 중 일방이 국가 등인 경우
국가 등이 단독으로 신고를 하여야 함

4 신고를 거부하는 경우

(1) **단독신고** : 일방이 신고를 거부하는 경우 상대방이 단독으로 신고할 수 있음

(2) **사유서와 계약서 사본 제출**
- 부동산거래계약 신고서에 단독으로 서명 또는 날인
- 신고를 거부하는 사유서와 거래계약서 사본을 첨부하여 신고관청에 제출

(3) **신고관청의 확인** : 신고관청은 단독신고 사유가 되는지 확인하여야 함

5 신분증명서 제시
주민등록증 등 신고인의 신분증명서를 신고관청에 내보여야 함

59강 거래당사자의 신고의무

6 신고의 대행

- 거래당사자 또는 매수인(자금조달·입주계획서의 제출)의 위임을 받은 사람은 부동산거래계약 신고서의 제출을 대행할 수 있음
- 주민등록증 등 신분을 확인할 수 있는 신분증명서를 신고관청에 내보여야 함
- 신고를 대행하는 자의 별도 제출서류 : 자필 서명된 위임장(법인은 인감 날인)과 위임한 거래당사자의 신분증명서 사본

7 전자문서에 의한 신고

- 거래당사자가 부동산거래신고를 하는 경우 전자문서로 신고할 수 있음
  - 신분확인은 공인인증을 통한 전자인증방법에 의함
- 단독신고와 신고대행은 전자문서로 할 수 없음

60강 개업공인중개사의 신고의무

▶ **개업공인중개사의 신고의무**

1 신고의무

개업공인중개사가 매매 거래계약서를 작성·교부한 때 개업공인중개사가 신고, 공동으로 중개한 경우 공동 신고의무

- 단독신고 : 일방이 신고를 거부하는 경우 상대방이 단독으로 신고할 수 있음

2 신고서에 서명 또는 날인

개업공인중개사는 부동산거래계약신고서에 서명 또는 날인을 하여 신고관청에게 제출(전자문서에 의한 제출 포함)

3 신분증명서 제시

주민등록증 등 신분증명서를 신고관청에 내보여야 함

4 소속공인중개사의 대행

개업공인중개사의 위임을 받은 소속공인중개사가 대행할 수 있으며 소속공인중개사는 신분증명서를 신고관청에 내보여야 함

5 전자문서에 의한 신고

개업공인중개사가 부동산거래계약신고를 하는 경우 전자문서로 신고할 수 있음. 신분확인은 공인인증을 통한 전자인증방법에 의함

▶법인신고서, 자금조달·입주계획서 제출

1 법인신고서 제출

법인이 법인의 현황에 따른 사항을 신고해야 하는 경우 거래당사자는 신고서를 제출할 때 법인 주택 거래계약 신고서(법인신고서)를 함께 제출해야 함

2 취득자금 조달 및 입주계획서 제출

- 법인신고서 또는 취득자금 조달 및 입주계획서를 제출할 때 매수인이 단독으로 서명 또는 날인한 자금 조달 및 입주계획서를 신고관청에 함께 제출하여야 함
- 법인 또는 매수인이 법인신고서 또는 자금조달·입주계획서를 거래계약 신고서와 분리하여 제출하기를 희망하는 경우 별도로 제출할 수 있음

3 법인 또는 매수인 외의 자가 제출하는 경우

- 법인 또는 매수인은 신고하려는 자에게 계약체결일로부터 25일 이내에 법인 신고서 또는 자금조달·입주계획서를 제공하여야 함
- 이 기간 내에 제공하지 아니한 경우에는 법인 또는 매수인이 별도로 법인신고서 또는 자금조달·입주계획서를 제출하여야 함

61강 계약해제등 신고

▶ 신고의 간주

부동산거래계약시스템으로 계약을 체결한 경우 : 부동산거래계약 신고서를 제출한 것으로 봄

▶ 계약해제등 신고

1 거래계약 해제신고서 제출

(1) 거래당사자의 신고(의무) : 부동산거래신고 후 거래계약이 무효 또는 취소·해제된 경우 해제등이 확정된 날부터 30일 이내에 신고하여야 함(전자문서 가능)
 - 신고를 거부하는 경우 단독으로 신고할 수 있음

(2) 개업공인중개사의 신고(의무 아님) : 개업공인중개사가 거래신고를 한 경우 부동산거래신고 후 거래계약이 무효 또는 취소·해제된 경우 해제등이 확정된 날부터 30일 이내에 신고할 수 있음(전자문서 가능)
 - 공동중개한 경우 신고를 거부하는 경우 단독으로 신고할 수 있음

2 신고방법

거래당사자 또는 개업공인중개사는 거래계약해제등신고서에 서명 또는 날인(공인인증에 의한 전자 인증의 방법 포함)을 하여 신고관청에 제출함

3 거래계약시스템에 의해 해제한 경우

부동산거래계약 해제 등이 이루어진 때에 부동산거래계약해제등신고서를 제출한 것으로 봄

3 거래계약해제등확인서 발급

거래계약해제등의 신고를 받은 신고관청은 그 내용을 확인한 후 거래계약해제등확인서를 신고인에게 지체없이 발급하여야 함

▶금지행위

(1) 개업공인중개사에게 부동산거래계약신고를 하지 아니하게 하거나 거짓으로 신고하도록 요구하는 행위

(2) 부동산거래계약신고 의무자가 아닌 자가 거짓으로 부동산거래신고를 하는 행위

(3) 거짓으로 부동산거래계약신고 또는 계약해제등신고를 하는 행위를 조장하거나 방조하는 행위

(4) 계약을 체결하지 아니하였음에도 불구하고 거짓으로 부동산거래신고를 하는 행위

(5) 부동산거래신고 후 해당 계약이 해제등이 되지 아니하였음에도 불구하고 거짓으로 해제등 신고를 하는 행위

▶부동산거래신고사항(공통적 신고사항)

- 거래당사자의 **인**적사항(위탁관리인의 인적사항 포함)
- **계**약일, 중도금 **지**급일 및 잔금지급일
- 거래대상 부동산등(권리인 경우 그 권리의 대상인 부동산)의 **소**재지, **지**번 및 지목
- 거래대상 부동산의 **종류**(권리인 경우 그 권리) 및 계약대상 **면**적
- 거래대상 부동산의 **면**적
- **실**제 거래가격
- 계약의 **조**건이나 기한이 있는 경우에는 그 조건 또는 기한
- **개**업공인중개사의 인적사항 및 중개사무소의 상호, 전화번호 및 소재지(개업공인중개사가 중개한 경우)

▶부동산거래신고사항(법인이 주택을 거래하는 경우)

- 법인신고서
- 자금조달·입주계획서
- 자금조달·토지이용계획서

> 참고 위탁관리인 : 매수인이 국내에 주소나 거소가 없는 경우 서류를 수령할 수 있는 사람

▶신고필증 발급

1 신고필증 발급

부동산거래신고(법인신고서 등을 제출하는 경우 법인신고서 등을 포함)를 받은 신고관청은 그 신고내용을 확인한 후 신고필증을 신고인에게 지체없이 발급하여야 함

2 검인의제

개업공인중개사 또는 거래당사자가 신고필증을 발급받은 때에는 매수인은 「부동산등기특별조치법」에 의한 검인을 받은 것으로 봄

▶가격의 검증

1 검증체계 구축·운영

국토교통부장관은 신고 받은 내용, 공시된 토지 및 주택가액, 그 밖의 부동산 가격정보를 활용하여 부동산거래가격 검증체계를 구축·운영하여야 함

2 자료제출 요구

국토교통부장관은 신고관청에게 신고가격의 적정성 검증결과 또는 신고내용의 조사결과 등에 관한 자료의 제출을 요구할 수 있음

62강 가격의 검증 신고내용의 조사

3 가격검증

신고관청은 부동산거래신고를 받은 때에는 부동산거래가격 검증체계에 의하여 그 적정성을 검증하여야 함

4 세무서 통보

- 신고관청은 검증결과를 부동산 소재지 관할 세무관서의 장에게 통보하여야 함
- 세무관서의 장은 국세 또는 지방세 부과를 위한 과세자료로 활용할 수 있음

▶부동산거래 신고내용의 조사

1 보완 또는 자료제출 요구

- 신고관청은 부동산거래신고, 계약해제등신고, 외국인 취득신고에 대하여 신고사항이 누락되어 있거나 정확하지 아니하다고 판단되는 경우에 요구할 수 있음
- 신고인에게 신고내용을 보완하게 할 수 있음
- 신고한 사항의 사실 여부를 확인하기 위하여 소속공무원으로 하여금 거래당사자 또는 개업공인중개사에게 거래계약서, 거래대금 지급을 증명할 수 있는 서면 등 관련 자료의 제출을 요구하는 등 필요한 조치를 취할 수 있음

2 서면제출요구

자료제출요구는 요구사유, 자료의 범위와 내용, 제출기한 등을 명시한 서면으로 하여야 함

3 시·도지사에게 보고 : 신고 내용을 조사한 경우

4 국토교통부장관에게 보고

- 시·도지사는 신고관청이 보고한 신고한 내용을 취합하여 매월 1회 국토교통부장관에 보고
- 전자문서에 의한 보고 또는 정보체계에 입력하는 것을 포함

5 국토교통부장관의 직접조사

신고 받은 내용의 확인을 위하여 필요한 때에는 신고내용조사를 직접 또는 신고관청과 공동으로 실시할 수 있음

6 자료요청

국토교통부장관 및 신고관청은 자료를 관계 행정기관의 장에게 요청할 수 있음

7 고발조치 또는 통보

국토교통부장관 및 신고관청은 신고내용조사 결과 그 내용이 이 법 또는 다른 법률을 위반하였다고 판단되는 때에는 이를 수사기관에 고발하거나 관계 행정기관에 통보하는 등 필요한 조치를 할 수 있음

▶외국인 특례

1 시·도지사에게 제출

신고관청은 외국인 등이 신고한 내용을 매 분기 종료일로부터 1개월 이내 제출

2 국토교통부장관에게 제출

제출받은 시·도지사는 제출받은 날부터 1개월 이내에 국토교통부장관에게 제출

63강 정정신청 변경신고

▶정정신청

1 정정신청을 할 수 있는 경우

부동산거래계약 신고내용 중 잘못 기재된 경우

• 정정신청 사항
- 거래당사자의 주소·전화번호 또는 휴대전화번호
- 거래지분 비율
- 개업공인중개사의 전화번호·상호 또는 사무소 소재지
- 거래대상 건축물의 종류
- 거래대상 부동산등의 지목, 면적, 거래지분 및 대지권비율

2 정정신청방법

• 거래당사자 또는 개업공인중개사가 할 수 있음(전자문서로 할 수 있음)
• 발급받은 신고필증에 해당 내용을 정정하여 서명 또는 날인하여 제출할 수 있음
• 거래당사자의 주소·전화번호 또는 휴대전화번호가 잘못 기재된 경우 해당 거래당사자가 단독으로 정정신청 가능(전자문서로 할 수 없음)

3 신고필증의 재발급

신고관청은 정정사항을 확인하여 해당 내용을 수정하고 지체없이 신고필증을 재발급하여야 함

▶변경신고

1 변경신고하는 경우

(1) 부동산거래계약의 신고를 한 후 내용이 변경된 경우

(2) 변경신고 사항
- **거래지분 비율**   - **거래지분**
- 거래대상 부동산등의 **면**적 - 계약의 **조**건 또는 기한
- **거래가격**   - 중도금·잔금 및 **지**급일
- 공동**매**수의 경우 일부 매수인의 변경(매수인 중 일부가 제외되는 경우만)
- **부**동산등이 다수인 경우 일부 부동산등의 변경(일부가 제외되는 경우만)
- **위**탁관리인의 성명, 주민등록번호, 주소 및 전화번호(휴대전화번호 포함)

2 변경신고 시기 및 방법

등기신청 전 하여야 함. 변경신고서(전자문서로 가능)에 거래당사자 또는 개업공인중개사가 서명 또는 날인하여 신고관청에 제출할 수 있음

3 면적의 변경없이 거래금액 변경

거래계약서 사본 등 증명서류를 첨부하여야 함(전자문서로 할 수 없음)

4 공급계약, 분양권 및 입주권 해당하는 계약인 경우

- 거래가격 중 분양가격 및 선택품목은 거래당사자 일방이 단독으로 변경신고를 할 수 있음
- 이 경우 거래계약서 사본 등 그 사실을 증명할 수 있는 서류를 첨부
- 전자문서로 할 수 없음

5 신고필증 재발급

신고관청은 변경사항을 확인 후 지체없이 신고필증 재발급함

64강 주택임대차계약신고

▶주택임대차계약신고

1 신고대상 및 기간

- 계약당사자는 주택에 대하여 대통령령으로 정하는 금액을 초과하는 임대차 계약을 체결한 경우 그 보증금 또는 차임 등을 임대차 계약 체결일부터 30일 이내에 주택 소재지를 관할하는 신고관청에 공동으로 신고하여야 함(국가 등인 경우 국가 등이 신고)
- 「주택임대차보호법」 적용을 받는 주택을 말하며 주택을 취득할 수 있는 권리를 포함
- 임차가구 현황 등을 고려하여 대통령령으로 정하는 지역에 적용함

2 신고절차

- 일방이 신고를 거부하는 경우에는 단독으로 신고할 수 있음
- 신고를 받은 신고관청은 그 신고 내용을 확인한 후 신고인에게 신고필증을 지체없이 발급하여야 함
- 신고관청은 주택임대차 계약의 신고 사무에 대한 해당 권한의 일부를 그 지방자치단체의 조례로 정하는 바에 따라 읍·면·동장 또는 출장소장에게 위임할 수 있음
- 신고 및 신고필증 발급의 절차와 그 밖에 필요한 사항은 국토교통부령으로 정함

3 주택임대차 계약의 변경 및 해제신고

- 임대차계약당사자는 주택임대차 계약신고를 한 후 해당 주택임대차 계약의 보증금, 차임 등 임대차 가격이 변경되거나 임대차 계약이 해제된 때에는 변경 또는 해제가 확정된 날부터 30일 이내에 해당 신고관청에 공동으로 신고하여야 함
- 일방이 국가등인 경우에는 국가등이 신고
- 임대차계약당사자 중 일방이 신고를 거부하는 경우에는 단독으로 신고할 수 있음

- 변경 및 해제신고를 받은 신고관청은 그 신고 내용을 확인한 후 신고인에게 신고필증을 지체 없이 발급하여야 함
- 신고관청은 변경 및 해제사무에 대한 해당 권한의 일부를 그 지방자치단체의 조례로 정하는 바에 따라 읍·면·동장 또는 출장소장에게 위임할 수 있음
- 변경 및 해제신고에 따른 신고 및 신고필증 발급의 절차와 그 밖에 필요한 사항은 국토교통부령으로 정함

4 주택임대차 계약 신고에 대한 준용규정

- 주택임대차 계약 신고의 금지행위, 주택임대차 계약 신고 내용의 검증, 주택임대차 계약 신고 내용의 조사 등에 관하여는 부동산거래신고 내용을 준용함

5 다른 법률에 따른 신고 등의 의제

- 임차인이 전입신고를 하는 경우 주택 임대차 계약의 신고를 한 것으로 봄
- 공공주택사업자 및 임대사업자는 관련법에 따른 주택임대차 계약신고 또는 변경신고를 하는 경우 이 법에 따른 주택임대차 계약의 신고 또는 변경신고를 한 것으로 봄

6 확정일자 부여

- 주택임대차 계약 신고의 접수를 완료한 때에는 「주택임대차보호법」에 따른 확정일자를 부여한 것으로 봄(임대차계약서가 제출된 경우로 한정)
- 이 경우 신고관청은 「주택임대차보호법」에 따라 확정일자부를 작성하거나 「주택임대차보호법」의 확정일자부여기관에 신고 사실을 통보하여야 함

▶주택임대차 계약신고 대상 및 지역

1 대 상

보증금이 6천만원을 초과 또는 월차임이 30만원을 초과 임대차계약
- 보증금 및 차임의 증감 없이 임대차 기간만 연장하는 계약갱신은 제외

2 지 역

특별자치시·특별자치도·시·군(광역시 및 경기도의 관할구역에 있는 군으로 한정)·자치구

▶당사자 일방이 신고하는 경우

1 신고서에 단독으로 서명 또는 날인 한 후 다음 서류를 첨부해 신고관청에 제출한 경우 공동으로 임대차 신고서를 제출한 것으로 봄

2 제출서류

(1) **계약서 작성한 경우** : 주택임대차 계약서
(2) **계약서 작성하지 않은 경우** : 입금증, 통장사본 등 주택임대차 계약 체결 사실을 입증할 수 있는 서류 등
(3) **계약갱신요구권을 행사한 경우** 이의 확인서류 등

▶주택임대차 계약신고 절차

(1) **국가등이 주택 임대차 계약을 신고하려는 경우** : 신고서에 단독으로 서명 또는 날인해 신고관청에 제출
(2) **신고필증 발급** : 신고 사항 누락 여부 등을 확인한 후 지체 없이 임대차 신고필증 발급

▶주택임대차계약신고 절차

(1) **거래계약시스템을 통해 임대차 계약을 체결한 경우** : 공동으로 임대차 신고서를 제출한 것으로 봄
(2) **신고 대행** : 위임을 받은 사람이 신고사항이 모두 적혀있고 계약당사자 서명이나 날인이 되어 있는 계약서를 신고관청에 제출하면 공동으로 임대차 신고서를 제출한 것으로 봄

▶변경 및 해제신고

(1) **신고서 제출** : 계약당사자는 변경 신고서 또는 해제 신고서에 공동으로 서명 또는 날인해 신고관청에 제출
(2) **신고거부시 단독신고** : 신고서에 단독으로 서명 또는 날인한 후 다음의 서류를 첨부해 신고관청에 제출(신고관청은 단독신고 사유에 해당하는지 확인)
  ① **변경신고** : 사유서와 변경 계약서 또는 가격변경 사실을 입증할 수 있는 서류
  ② **해제신고** : 사유서와 해제 합의서 또는 해제된 사실을 입증할 수 있는 서류 등

▶주택임대차 계약신고의 정정

(1) **잘못 적힌 경우** : 계약당사자는 신고관청에 신고 내용의 정정을 신청할 수 있음
(2) **신고필증에 정정** : 신고필증에 정정 사항 표시하고 정정 부분에 공동으로 서명 또는 날인한 후 임대차 계약서 또는 임대차 변경 계약서를 첨부해 신고관청에 제출

▶임대차계약당사자의 위임을 받은 사람의 신고대행
(1) 임대차신고서, 임대차 변경 신고서 및 임대차 해제 신고서의 작성·제출 및 정정신청을 대행할 수 있음
(2) 대행하는 자는 신분증명서를 신고관청에 보여줘야 함
(3) 임대차신고서등의 작성·제출 및 정정신청을 위임한 계약당사자의 자필서명이 있는 위임장과 신분증명서 사본을 함께 제출

▶다른 법률에 따른 신고 등 의제절차
• 신고의 제시 제출서류 : 주택임대차 계약의 임차인은 「주민등록법」에 따른 전입신고를 하는 경우로서 주택임대차 계약의 신고를 한 것으로 보는 경우 다음 서류를 제출하여야 함
  ① 주택임대차 계약서
  ② 임대차계약서를 작성하지 않은 경우 : 임대차 신고서

▶유의사항란
1 신고된 실제 거래가격

매수인이 매수한 부동산을 양도하는 경우 취득 당시의 실제 거래가격으로 보아 양도차익이 계산될 수 있음

2 부가가치세 포함 여부

• 공급계약(분양) 또는 전매계약(분양권, 입주권)인 경우 : ⑧ 물건별 거래가격 및 ⑨ 총 실제거래가격에 부가가치세를 포함한 금액을 적음
• 그 외의 거래대상의 경우 : 부가가치세를 제외한 금액을 적음

65강
부동산거래 계약신고서

▶매수인 및 매도인란

1 거래지분

거래당사자가 다수인 경우 주소란에 각각의 거래대상별 거래지분을 기준으로 각자의 거래지분 비율 표시(매도인과 매수인의 거래지분비율이 일치해야 함)

2 자금조달 및 입주계획

신고서와 함께 제출하는 지, 매수인이 별도로 제출하는지 ✓표시, 그 외 해당 없음 표시

3 외국인

매수용도로 해당 부분 중 하나에 ✓표시

▶거래물건란의 종류

1. "건축물" 또는 "토지 및 건축물"인 경우 [ ]에 건축물의 종류를 「건축법 시행령」[별표 1]에 따른 용도별 건축물의 종류를 기재

2. 공급계약은 시행사 또는 건축주등이 최초로 부동산을 공급(분양)하는 계약을 말하며, 준공전과 준공후 계약 여부에 따라 ✓표시, "임대주택 분양전환"은 임대주택사업자(법인으로 한정)가 임대기한이 완료되어 분양전환하는 주택인 경우에 ✓표시

3. 전매는 부동산을 취득할 수 있는 권리의 매매로서, "분양권" 또는 "입주권"에 ✓표시

▶소재지·지목·면적, 계약대상 면적

1 소재지·지목·면적

- 소재지는 지번(아파트 등 집합건축물의 경우에는 동·호수)까지
- 지목/면적은 토지대장상의 지목·면적, 건축물대장상의 건축물 면적
  (집합건축물의 경우 호수별 전용면적, 그 밖의 건축물의 경우 연면적)
- 등기사항증명서상의 대지권 비율, 거래지분을 정확하게 적음

2 계약대상 면적

계약대상 면적에는 실제 거래면적을 계산하여 적되, 건축물 면적은 집합건축물의 경우 전용면적을 적고, 그 밖의 건축물의 경우 연면적을 적음

▶물건별 거래가격란

- 각각의 부동산별 거래가격을 적음
- 최초 공급계약(분양) 또는 전매계약(분양권, 입주권)의 경우 공급가격(분양가액 등)
- 발코니 등 옵션비용(발코니 확장비용, 시스템에어컨 설치비용 등) 및 추가지불액(프리미엄 등 공급가액을 초과 또는 미달하는 금액)을 각각 적음
- 각각의 비용에 부가가치세가 있는 경우 부가가치세를 포함한 금액으로 적음

▶총 실제거래가격란

- 전체 거래가격(둘 이상 부동산을 함께 거래하는 경우 각각의 부동산별 거래가격의 합계 금액)을 적음
- 계약금·중도금·잔금 및 그 지급일을 적음

▶종전토지란 등

1 종전토지란

입주권 매매의 경우에만 작성하고, 거래금액란에는 추가지불액(프리미엄 등 공급가액을 초과 또는 미달하는 금액) 및 권리가격, 합계 금액, 계약금, 중도금, 잔금을 적음

2 기재가 복잡한 경우

다수의 부동산, 관련필지, 매도·매수인, 개업공인중개사 등 기재사항이 복잡한 경우에는 별지로 작성(간인 처리)하여 첨부

외국인등의 부동산 취득특례

▶외국인 부동산 등의 취득의 신고

1 상호주의
토지취득에 대해서만 국토교통부장관이 결정

2 계약에 의한 부동산 등의 취득 : 매매, 교환, 증여 등
- 계약체결일로부터 60일 이내 신고관청에 신고
- 매매의 경우 계약체결일로부터 30일 이내에 부동산거래신고를 하여야 하고 취득신고를 하지 아니함
- 위반시 300만원 이하 과태료

3 계약 외의 원인
- 상속, 경매, 환매권 행사, 확정판결, 법인의 합병, 건축물의 신축·증축·개축·재축 등
- 취득일로부터 6월 이내 신고관청에 신고(위반시 100만원 이하 과태료)

4 계속보유 신고
- 개인, 법인 또는 단체가 외국인으로 변경
- 변경일로부터 6월 이내 신고관청에 신고(위반시 100만원 이하 과태료)

▶외국인 토지취득허가

1 토지 취득허가

계약체결 전 신고관청에 허가받아야 함(당사자 간에 합의서 제출)

- 허가지역
  - 군사기지 및 군사시설보호구역
  - 지정문화유산과 보호물 또는 보호구역
  - 천연기념물등과 이를 위한 보호물 또는 보호구역
  - 생태·경관보전지역
  - 야생생물특별보호구역

2 허가 또는 불허가 : 다음의 기간 내에 하여야

- 군사구역 : 30일(그 기간 내에 할 수 없는 경우 30일 범위 내에서 기간을 연장할 수 있음. 미리 연장사유 및 처리예정일 알려야)
- 그 외 구역 : 15일

(1) **허가의 예외** : 토지거래허가를 받은 경우 제외

(2) **허가를 하여야 하는 경우** : 지정 목적달성에 지장을 주지 아니한다고 인정된 경우

(3) **위반시** : 부정허가 또는 허가를 받지 않고 체결한 토지취득계약
  - 그 효력이 발생하지 아니함
  - 2년 이하 징역 또는 2천만원 이하의 벌금

▶서류의 확인 및 전자문서 제출

1 서류의 확인

신고관청은 토지등기사항증명서 및 건물등기사항증명서(집합건물인 경우에만 해당)를 확인하여야 함

2 전자문서로 신고 또는 허가신청을 하는 경우

- 서류첨부가 곤란한 때 : 그 사본을 신고일 또는 신청일부터 14일 이내에 우편 또는 모사전송의 방법으로 따로 제출하여야 함
- 신고인에게 송부 : 서류를 확인한 후 지체없이 신고확인증 또는 허가증을 발급

▶대리인이 작성 및 제출

취득신고·계속보유신고 및 토지취득허가신청은 외국인인 당사자의 위임을 받은 자가 대리하여 신고서(신청서)의 작성 및 제출할 수 있음
- 전자문서로 신고 또는 신청하는 경우를 제외
- 외국인등의 자필서명이 있는 위임장 제출(외국인 등의 신분증명서 사본 첨부)

▶신고 등의 관리

1 시·도지사에 제출

- 신고관청은 매 분기 종료일부터 1개월 이내에 시·도지사에게 제출하여야 함
- 특별자치시장은 이를 국토교통부장관에게 직접 제출하여야 함

2 국토교통부장관에게 통보

시·도지사는 제출받은 날부터 1개월 이내에 그 내용을 국토교통부장관에게 제출하여야 함

토지거래허가

67강 토지거래허가 지정 및 절차

▶ 지정권자 및 기간

1 허가구역에 따른 지정권자(지정할 수 있음)

(1) **국토교통부장관** : 허가구역이 둘 이상의 시·도의 관할구역에 걸쳐있는 경우

(2) **시·도지사** : 허가구역이 동일한 시·도 안의 일부지역인 경우
(국가가 시행하는 개발사업 등일 경우 국토교통부장관이 지정할 수 있음)

2 지정대상의 특정 : 지정권자는 허가대상자(외국인 포함), 허가대상 용도와 지목을 특정하여 지정할 수 있음

3 지정기간 : 5년 이내의 기간을 정하여 지정할 수 있음

▶ 지정절차

1 심 의

허가구역을 지정하려면 중앙도시계획위원회 또는 시·도 도시계획위원회의 심의를 거쳐야 함

2 재지정시 심의 전 의견청취

지정기간이 끝나는 허가구역을 계속하여 다시 허가구역으로 재지정하는 경우

(1) **시·도지사가 재지정하는 경우** : 미리 시장·군수 또는 구청장의 의견청취

(2) **국토교통부장관이 재지정하는 경우** : 미리 시·도지사 및 시장·군수 또는 구청장의 의견청취

3 지정권자의 공고
국토교통부장관 또는 시·도지사는 허가구역으로 지정한 때에는 지체없이 기간, 소재지, 용도지역 등을 공고하여야 함

4 지정권자의 통지
- 국토교통부장관은 시·도지사를 거쳐 시장·군수 또는 구청장에게 통지
- 시·도지사는 국토교통부장관, 시장·군수 또는 구청장에게 통지

5 시장·군수 또는 구청장의 통지 및 공고
- 통지를 받은 시장·군수 또는 구청장은 지체없이 그 공고 내용을 그 허가구역을 관할하는 등기소의 장에게 통지하여야 함
- 지체없이 그 사실을 7일 이상 공고하여야 함
- 그 공고 내용을 15일간 일반이 열람할 수 있도록 하여야 함
  - **효력의 발생** : 허가구역 지정은 허가구역의 지정을 공고한 날부터 5일 후에 발생

▶공고내용
- 지정기간
- 허가대상자, 허가대상 용도와 지목
- 토지의 소재지, 지번, 지목, 면적 및 용도지역
- 축척 5만분의 1 또는 2만 5천분의 1의 지형도
- 면제대상 토지면적

▶지정지역
투기적인 거래가 성행하거나 지가가 급격히 상승하는 지역과 그러한 우려가 있는 지역으로서 다음의 지역

- 토지이용계획이 새로이 수립되거나 변경되는 지역
- 토지이용에 대한 행위제한이 완화되거나 해제되는 지역
- 법령에 의한 개발사업이 진행중이거나 예정되어 있는 지역과 그 인근 지역
- 국토교통부장관 또는 시·도지사가 투기우려가 있다고 인정하는 지역
- 투기가 성행할 우려가 있다고 인정하여 요청하는 지역

▶지정의 해제 또는 축소(지정 절차 준용)

(1) 해제 또는 축소 사유
- 허가구역의 지정사유가 없어졌다고 인정되는 경우
- 허가구역의 지정해제 또는 축소요청이 이유 있다고 인정되는 경우

(2) 지체없이 허가구역의 지정을 해제하거나 지정된 허가구역 일부를 축소하여야 함
- 그 날부터 효력 발생

68강 토지거래허가(Ⅰ)

▶허가권자
- 토지 소재지 시장·군수 또는 구청장(허가관청)
- 허가받은 사항을 변경하려는 경우에도 허가를 받아야 함

▶허가대상
소유권·지상권을 이전하거나 설정하는 계약 또는 예약
- 대가를 받고 이전하거나 설정하는 경우만 해당함
- 소유권·지상권의 취득을 목적으로 하는 권리를 포함함
- 계약 체결하려는 당사자 공동으로 허가를 받아야 함

▶허가기준면적

1 허가 받지 않는 면적

경제 및 지가의 동향과 거래단위면적 등을 종합적으로 고려

구 분	용도지역	기준면적
도시지역	주거지역	180m² 이하
	상업지역	200m² 이하
	공업지역	660m² 이하
	녹지지역	100m² 이하
	지역의 미지정	90m² 이하
도시지역 외 지역	임야	1,000m² 이하
	농지	500m² 이하
	기타	250m² 이하

2 따로 공고한 경우

지정권자가 해당 기준면적의 10퍼센트 이상 300퍼센트 이하의 범위에서 따로 정하여 공고한 경우에는 그에 따름

3 일단의 토지 전체에 대한 거래로 보는 경우

토지거래계약을 체결한 날로부터 1년 이내에 일단의 토지이용을 위하여 일단의 도지의 전부 또는 일부에 대하여 토지거래계약을 체결한 경우

▶토지의 분할 후 거래

1 분할 후 면적 이하가 된 경우

- 허가구역을 지정할 당시 허가면적을 초과하는 토지는 허가구역의 지정 후 해당 토지가 분할되어 허가면적 이하가 된 경우
- 분할된 토지에 대한 토지거래계약을 체결함에 있어서는 분할 후 최초의 거래에 한하여 허가면적을 초과하는 토지거래계약을 체결하는 것으로 봄
- 허가구역의 지정 후 당해 토지가 공유지분으로 거래되는 경우에도 같음

2 예 외

도시·군 계획사업의 시행 등 공공목적으로 인한 분할 제외

69강 토지거래허가(Ⅱ)

▶허가신청서의 제출

1 신청서의 제출 및 기재사항

(1) **공동제출** : 허가를 받으려는 자는 당사자 공동으로 그 허가신청서 제출

(2) **기재사항** : 계약내용과 토지의 이용계획, 취득자금 조달계획, 계약예정금액 등(개업공인중개사 사항은 없음)

2 필요한 조사

허가관청은 지체없이 필요한 조사를 하여야 하며 허가신청한 토지에 대한 현황을 파악할 수 있는 사진을 촬영·보관하여야 함

▶허가신청시 제출서류

1 제출서류

토지이용계획서(농지의 경우 농업경영계획서), 토지취득자금조달계획서 → 전자문서로 제출가능

2 토지이용계획 등에 포함될 사항 : 일반적인 주거, 복지시설, 사업용

- 토지의 개발·이용계획 : 착공일 및 준공일 등 추진일정을 포함
  - 착공일 : 토지를 취득한 날부터 2년을 초과하지 않아야 함(허가·인가·승인) 또는 심의 등에 소요되는 기간은 산입하지 아니함
- 소요 자금의 개략산출내역

3 토지이용계획 등에 포함될 사항 : 특별한 경우

(1) **축산업 또는 수산업용** : 시설의 설치 또는 기계·기구의 구입이 필요한 경우 그 내역 및 추진일정

(2) **임업용** : 토지에 대한 2년 이상의 산림경영계획(반기별로 구체적인 작업일정 포함)

4 취득자금 조달계획이 변경된 경우

취득토지에 대한 등기일까지 허가관청에게 그 변경사항을 제출할 수 있음

▶허가 또는 불허가
1 허가 또는 불허가 처분과 알림

- 시장·군수 또는 구청장은 허가신청서를 받으면 「민원처리에 관한 법률」에 따른 처리기간인 15일 이내에 허가 또는 불허가의 처분을 하여야 함
- 신청인에게 허가증을 발급하거나 불허가처분 사유를 서면으로 알려야 함

2 선매협의 절차가 진행 중인 경우

15일 이내에 그 사실을 신청인에게 알려야 함

3 허가처분의 간주

- 15일 이내에 허가증의 발급 또는 불허가처분 통지가 없거나 선매협의 사실의 통지가 없는 경우 그 기간이 끝난 날의 다음날에 허가가 있는 것으로 봄
- 이 경우 허가관청은 지체없이 신청인에게 허가증을 발급하여야 함

▶국가 등의 토지거래계약에 관한 특례 등
1 그 당사자의 한쪽 또는 양쪽이 국가 등인 경우

(1) **국가등** : 국가, 지방자치단체, 공사 및 공공기관

(2) **협의 성립** : 국가 등이 허가관청과 협의할 수 있으며 그 협의가 성립된 때에는 토지거래계약에 관한 허가를 받은 것으로 봄

70강 토지거래허가(Ⅲ)

2 총괄청 또는 중앙관서장 등이 국유재산을 취득하거나 처분하는 경우

허가기준에 적합하게 취득하거나 처분한 후 허가관청에 내용을 통보한 때 협의가 성립된 것으로 봄

▶허가의 예외

1 토지거래허가 규정을 적용하지 아니하는 경우

(1) **국가 등이 시행하는 경우** : 협의취득·수용·사용 및 환매, 경매, 압류부동산 공매, 국유재산 및 공유재산의 일반경쟁입찰에 의한 처분, 매수청구된 토지 취득 등

(2) **분양인 경우** : 주택, 상가, 택지, 공장용지

(3) **비업무용 부동산 공매** : 3회 이상 유찰

(4) **그 외** : 환지처분, 체비지 등 매각, 외국인 등의 토지취득허가 받은 경우

▶허가를 하여야 하는 경우

1 거주용, 복지·편익시설용, 농업 등

- 자기의 **거주용** 주택용지로 이용하려는 경우
- 허가구역을 포함한 지역의 주민을 위한 **복지시설 또는 편익시설로서** 관할 시장·군수 또는 구청장이 확인한 시설의 설치에 이용하려는 경우
- 특·광·시·군(광역시·군 포함) 내에 있는 농업인 등(농업인·축산업인·임업인 또는 어업인) **농업등**을 경영하기 위하여 필요한 경우
    - 거주하는 주소지로부터 30킬로미터 이내
    - 대체농지는 80킬로미터 이내(수용된 날로부터 3년 이내, 종전가격 이하)

2 사업시행

- 토지를 <u>수용</u>하거나 사용할 수 있는 사업을 시행하는 자가 그 사업을 시행하기 위하여 필요한 경우
- 지역의 건전한 발전을 위하여 필요하고 <u>지정목적에 적합</u>하다고 인정되는 사업을 시행하는 자나 시행하려는 자가 그 사업에 이용하려는 경우

- 특·광·시·군 또는 인접한 특·광·시·군에서 사업을 시행하고 있는 자가 그 사업에 이용하려는 경우나 그 자의 사업과 밀접한 관련이 있는 사업을 하는 자가 그 사업에 이용하려는 경우

3 통상경제활동

특·광·시 또는 군에 거주하고 있는 자의 일상생활과 통상적인 경제활동에 필요한 것 등으로서 대통령령으로 정하는 용도에 이용하려는 경우
- 농지 외의 토지의 대체토지 취득(수용된 날부터 3년 이내, 종전가격 이하)
- 개발·이용행위가 제한 또는 금지된 토지로서 현상보존의 목적으로 토지의 취득을 하고자 하는 경우
- 임대사업을 위하여 건축물과 그에 딸린 토지를 취득하려는 경우

▶불허가를 하여야 하는 경우

1 불허가 사유

- 도시·군계획이나 그 밖에 토지의 이용 및 관리에 관한 계획에 맞지 아니한 경우
- 생태계보전과 주민의 건전한 생활환경 보호에 중대한 위해를 끼칠 우려가 있는 경우
- 그 면적이 그 토지의 이용목적에 적합하지 아니하다고 인정되는 경우

2 그 외 사항

그 밖에 토지거래계약허가 및 사후관리업무의 효율적 처리에 필요한 사항은 국토교통부장관이 정함

71강 허가의 불복 등

▶이의신청

1 이의신청기간

허가 또는 불허가 처분에 이의가 있는 자는 그 처분을 받은 날부터 1개월 이내에 시장·군수 또는 구청장에게 이의를 신청할 수 있음

2 심의 및 알림

이의신청을 받은 시장·군수 또는 구청장은 시·군·구 도시계획위원회의 심의를 거쳐 그 결과를 이의신청인에게 알려야 함

▶선매(先買)

1 선매자 지정과 협의매수

허가관청은 허가신청이 있는 선매 대상 토지에 대하여 국가 등이 그 매수를 원하는 경우에는 이들 중에서 해당 토지를 매수할 자(선매자)를 지정하여 그 토지를 협의매수하게 할 수 있음

- 선매대상 토지
    - 공익사업용 토지
    - 허가를 받아 취득한 토지를 이용목적대로 이용하고 있지 아니한 토지

2 선매협의

(1) **선매협의 사실 통보** : 허가관청이 허가신청을 받은 날부터 15일 이내

(2) **선매자 지정통지** : 허가관청이 허가신청일로부터 1개월 이내

(3) **선매협의 통보 및 협의** : 선매자가 지정통지를 받은 날부터 15일 이내에

(4) **선매협의 종료 및 협의조서 제출** : 선매자가 지정통지를 받은 날부터 1개월 이내

　- 선매협의가 이루어진 경우 거래계약서 사본 첨부

3 선매가격

- 감정가격을 기준으로 함
- 토지거래계약 허가신청서에 적힌 가격이 감정가격보다 낮은 경우에는 허가신청서에 적힌 가격으로 할 수 있음

4 선매협의가 이루어지지 않은 경우

허가관청은 지체없이 허가 또는 불허가의 여부를 결정하여 통보하여야 함

▶ 불허가처분 토지에 관한 매수청구

1 매수청구서의 제출

허가신청에 대하여 불허가처분을 받은 자는 그 통지를 받은 날부터 1개월 이내에 허가관청에 해당 토지에 관한 권리의 매수를 청구할 수 있음
- 토지매수청구서를 허가관청에게 제출하여야 함

2 매수자의 지정 및 매수

- 매수청구를 받은 허가관청은 국가 등 중에서 매수할 자를 지정하여야 함
- 공시지가를 기준으로 하여 해당 토지를 매수하게 하여야 함
- 토지거래계약 허가신청서에 적힌 가격이 공시지가보다 낮은 경우에는 허가신청서에 적힌 가격으로 매수할 수 있음

72강 토지이용에 관한 의무

▶사용의무 및 기간

1 사용의무

허가 받은 자는 5년의 범위에서 그 토지를 목적대로 이용하여야 함

2 취득일로부터 2년

- 자기의 거주용 주택용지 목적으로 허가를 받은 경우
- 주민을 위한 복지시설 또는 편익시설 목적으로 허가를 받은 경우
- 농업 등(농업, 어업, 임업, 축산업)을 영위하기 위한 목적으로 허가를 받은 경우
- 대체토지를 취득하기 위하여 허가를 받은 경우

3 취득일로부터 4년

수용으로 인한 사업, 지역의 건전한 발전과 지정목적 적합한 사업, (인접)특·광·시·군의 사업시행으로 허가를 받은 경우

- 분양을 목적으로 허가를 받은 토지의 개발에 착수한 후 토지취득일부터 4년 이내에 분양을 완료한 경우에는 분양을 완료한 때에 4년이 지난 것으로 봄

4 취득일로부터 5년

현상보존의 목적, 그 외의 경우

▶사용의무의 예외

1 계획의 변경

토지의 취득을 한 후 용도지역 등 토지의 이용 및 관리에 관한 계획이 변경됨으로써 그 이용목적대로 이용할 수 없게 된 경우

2 허가·인가 등 제한기간 내에 있는 경우

일정기간 동안 허가·인가 등을 제한하는 경우로서 그 제한기간 내에 있는 경우

3 목적 변경
승인을 얻은 경우, 협의 완료된 경우

4 해외이주 및 병역복무

5 자연재해로 인한 이행불가능
자연재해로 인하여 허가 받은 목적대로 이행하는 것이 불가능한 경우

6 책임 없는 사유
공익사업의 시행 등 토지거래계약 허가를 받은 자에게 책임없는 사유로 허가받은 목적대로 이용하는 것이 불가능한 경우

7 건축물의 일부 임대
- 단독주택(다중주택 및 공관은 제외), 공동주택(기숙사는 제외)
- 제1종 및 제2종 근린생활시설
- 공장

8 불가피한 사유
불가피한 사유로 허가 받은 목적대로 이용하는 것이 불가능하다고 시·군·구도시계획위원회에서 인정한 경우

▶이용의 조사

1 이용실태의 조사
허가관청은 허가 받은 목적대로 이용하고 있는지 조사하여야 함

2 토지의 개발·이용 등의 실태조사
- 허가관청은 1회 이상 토지의 개발 및 이용 등의 실태를 조사하여야 함
- 토지의 개발 및 이용등의 실태조사에 필요한 사항은 국토교통부장관이 정함

73강 의무이행명령

▶ 의무이행 명령

1 의무이행 명령
- 허가관청은 토지의 이용의무를 이행하지 아니한 자에 대하여는 상당한 기간을 정하여 토지의 이용의무를 이행하도록 명할 수 있음
- 이용의무의 이행명령은 3월 이내의 기간을 정하여 문서로 하여야 함

2 의무이행명령의 예외
「농지법」을 위반하여 「농지법」상 이행강제금을 부과한 경우

▶ 이행강제금의 부과

1 이행강제금의 범위
- 허가관청은 이행명령이 정하여진 기간에 이행되지 아니한 경우 부과함
- 토지 취득가액의 100분의 10의 범위에서 이행강제금을 부과함
- 토지 취득가액은 실거래가로 함. 다만, 실거래가가 확인되지 아니하는 경우에는 취득 당시를 기준으로 가장 최근에 발표된 공시지가로 함

2 부과금액
(1) 100분의 10 : 방치한 경우
(2) 100분의 5 : 이용목적을 변경하여 이용하는 경우
(3) 100분의 7 : 직접 이용하지 아니하고 임대한 경우, 그 외의 경우

3 반복 부과
최초 이행명령이 있었던 날을 기준으로 1년에 한 번씩 이행될 때까지

▶ **이행강제금 부과 절차**

1 부과통지

부과하기 전에 미리 문서로 알려야 함

2 의무기간이 지난 경우

이행강제금을 부과할 수 없음

3 명령을 이행한 경우

새로운 이행강제금의 부과를 즉시 중지하되, 이미 부과된 이행강제금은 징수하여야 함

4 이의제기

고지를 받은 날부터 30일 이내에 이의를 제기하여야 함

▶ **지가동향의 조사**

(1) **조사권자 :** 국토교통부장관이나 시·도지사

(2) **조사사유 :** 토지거래허가 제도를 실시하거나 그 밖에 토지정책을 수행하기 위한 자료를 수집하기 위하여

(3) **조사내용 :** 지가의 동향과 토지거래의 상황

(4) **자료제출 요청 :** 관계 행정기관이나 그 밖의 필요한 기관에 이에 필요한 자료를 제출하도록 요청할 수 있음

- 이 경우 자료제출을 요청받은 기관은 특별한 사유가 없으면 요청에 따라야 함

▶전국의 지가변동률 조사

1 조사권자 : 국토교통부장관

2 조사시기 : 연 1회 이상

3 자료제출요구
- 필요한 경우에는 한국부동산원의 원장으로 하여금 매월 1회 이상 지가의 동향 및 토지거래의 상황 그 밖의 필요한 자료를 제출하게 할 수 있음
- 이 경우 실비의 범위 내에서 그 소요된 비용을 지원하여야 함

▶관할구역 안의 지가동향 조사

1 조사권자 : 시·도지사

2 조사시기

관할구역 안의 지가의 동향 및 토지거래의 상황을 수시로 조사하여야 함

3 구역의 지정·축소 또는 해제 요청

국토교통부장관에게, 조사 결과 허가구역을 지정·축소 또는 해제할 필요가 있다고 인정하는 경우

4 지가동향 조사의 순서

지가동향조사 및 토지거래상황조사는 개황조사 → 지역별 조사 → 특별집중조사 순서로 진행하여야 함

▶시·도지사의 지가동향조사 방법

1 개황조사
분기별로 1회 이상 개괄적으로 실시하는 조사

2 지역별 조사
개황조사 실시 결과에 따라 지정요건을 충족시킬 수 있는 개연성이 높다고 인정되는 지역에 대하여 매월 1회 이상 실시하는 조사

3 특별집중조사
지역별 조사를 실시한 결과 지정요건을 충족시킬 수 있는 개연성이 특히 높다고 인정되는 지역에 대하여 실시하는 조사

▶다른 법률에 따른 인가·허가 등의 의제

1 농지취득자격증명 발급 의제
- 농지에 대하여 허가를 받은 경우 농지취득자격증명을 받은 것으로 봄
- 허가관청은 농지취득자격증명의 발급요건에 적합한지 확인하여야 함
- 허가한 내용을 농림축산식품부장관에게 통보하여야 함

2 검인의제
허가증을 발급받은 경우에는 「부동산등기 특별조치법」에 따른 검인을 받은 것으로 봄

▶제재처분 등

1 허가취소 등

- 국토교통부장관, 시·도지사, 시장·군수 또는 구청장은 다음에 해당하는 자에게 허가 취소 또는 그 밖에 필요한 처분을 하거나 조치를 명할 수 있음
- 허가 또는 변경허가를 받지 아니하고 토지거래계약 또는 그 변경계약을 체결한 자
- 토지를 허가받은 목적대로 이용하지 아니한 자
- 부정한 방법으로 토지거래계약에 관한 허가를 받은 자

2 청 문

토지거래계약 허가의 취소처분을 하려면 청문을 하여야 함

▶권리·의무, 처분의 승계

1 권리·의무의 승계

토지의 소유권자, 지상권자 등에게 발생되거나 부과된 권리·의무는 그 토지 또는 건축물에 관한 소유권이나 그 밖의 권리의 변동과 동시에 그 승계인에게 이전함

2 처분 등의 승계

이 법 또는 이 법에 따른 명령에 의한 처분, 그 절차 및 그 밖의 행위는 그 행위와 관련된 토지 또는 건축물에 대하여 소유권이나 그 밖의 권리를 가진 자의 승계인에 대하여 효력을 가짐

정보관리 및 보칙

▶ 자료 등 종합관리

1 정보관리 및 제공

국토교통부장관 또는 시장·군수·구청장은 정보를 종합적으로 관리하고, 이를 관련 기관·단체 등에 제공할 수 있음

2 자료요청

국토교통부장관 또는 시장·군수·구청장은 정보의 관리를 위하여 관계 행정기관이나 그 밖에 필요한 기관에 필요한 자료를 요청할 수 있음
 - 이 경우 관계 행정기관 등은 특별한 사유가 없으면 요청에 따라야 함

▶ 정보의 제공

1 정보제공

국토교통부장관은 정보체계에 구축되어 있는 정보를 수요자에게 제공할 수 있음

2 제공의 제한

정보체계의 운영을 위하여 불가피한 사유가 있거나 개인정보의 보호를 위하여 필요하다고 인정하는 때에는 제공하는 정보의 종류와 내용을 제한할 수 있음

75강 정보관리 보칙(Ⅰ)

▶신고 또는 고발에 대한 포상금

1 신고 또는 고발대상

- 부동산 등의 실제거래가격을 거짓으로 신고한 자
- 계약을 체결하지 않은 자가 거짓으로 부동산거래신고를 하는 경우
- 해제 등이 되지 않은 자가 거짓으로 해제등 신고를 하는 경우
- 주택임대차계약신고를 거짓으로 한 경우
- 허가 또는 변경허가를 받지 아니하고 토지거래계약을 체결한 자 또는 거짓이나 그 밖의 부정한 방법으로 토지거래계약허가를 받은 자
- 토지거래계약허가를 받아 취득한 토지에 대하여 허가받은 목적대로 이용하지 아니한 자

▶포상금 지급대상 및 기준

1 실제거래가격 거짓신고, 계약을 체결하지 않은 자가 거짓신고, 해제 등이 되지 않은 자가 거짓신고, 주택임대차계약신고를 하지 않은 경우

적발하기 전, 입증할 수 있는 증거자료를 제출, 그 신고사건에 대하여 과태료가 부과된 경우

2 토지거래허가를 받지 않았거나 거짓 부정한 방법으로 받은 경우

적발하기 전, 공소제기 또는 기소유예 결정이 있는 경우

3 목적대로 이용하지 않은 경우

적발하기 전, 이행명령이 있는 경우

▶포상금 지급대상이 아닌 것, 포상금액

1 포상금 지급대상 아닌 것

- 공무원이 직무와 관련하여 발견한 사실을 신고하거나 고발한 경우
- 해당 위반행위를 하거나 위반행위에 관여한 자가 신고하거나 고발한 경우
- 익명이나 가명으로 신고 또는 고발한 경우

2 포상금액

- 거래신고 관련 : 과태료의 100분의 20(실거래가 거짓신고 지급한도액 1천만원)
- 토지거래허가 관련 위반 : 50만원(같은 목적을 위하여 취득한 일단의 토지에 대한 신고 또는 고발은 1건으로 봄)

▶포상금 지급절차

1 신고서 제출

신고하려는 자는 신고서 및 증거자료(부동산거래신고를 거짓으로 신고한 자를 신고하는 경우만 해당)를 신고관청 또는 허가관청에 제출

2 수사기관의 통보

수사기관은 수사를 종료하거나 공소제기 또는 기소유예의 결정을 하였을 때에는 지체없이 허가관청에 통보

3 포상금 지급결정

신고서를 제출받거나 수사기관의 통보를 받은 신고관청 또는 허가관청은 포상금 지급 여부를 결정하고 이를 신고인 또는 고발인에게 알려야 함

4 지급신청서의 제출

포상금 지급결정을 통보받은 신고인 또는 고발인은 포상금 지급신청서를 작성하여 신고관청 또는 허가관청에 제출

76강
보칙(Ⅱ)

5 포상금의 지급

신청서가 접수된 날부터 2개월 이내에 포상금을 지급

▶포상금 지급방법(2인 이상)

- 하나의 사건에 대하여 신고 또는 고발한 사람이 2명 이상인 경우에는 국토교통부령으로 정하는 바에 따라 포상금을 배분하여 지급함
- 포상금의 지급절차 및 방법 등에 관하여 필요한 사항은 국토교통부령으로 정함
- 하나의 위반행위에 대하여 2명 이상이 공동으로 신고 또는 고발한 경우에는 포상금을 균등하게 배분하여 지급(미리 합의한 경우 합의된 방법에 따라 지급)
- 하나의 위반행위에 대하여 2명 이상이 각각 신고 또는 고발한 경우에는 최초로 신고 또는 고발한 사람에게 포상금을 지급

▶정보체계의 기록

신고관청 또는 허가관청은 자체조사 등에 따라 포상금 지급대상 위반행위를 알게 된 때에는 지체없이 그 내용을 부동산정보체계에 기록

▶권한 등의 위임 및 위탁

1 권한 등의 위임

이 법에 따른 국토교통부장관의 권한은 그 일부를 대통령령으로 정하는 바에 따라 시·도지사, 시장·군수 또는 구청장에게 위임할 수 있음

2 업무의 위탁

국토교통부장관은 거래가격 검증체계 구축·운영 및 부동산정보체계의 구축·운영 업무를 대통령령으로 정하는 바에 따라 부동산시장 관련 전문성이 있는 공공기관(한국부동산원)에 위탁할 수 있음

벌 칙

▶ 행정형벌

1 3년 이하 징역 또는 3천만원 이하 벌금
- 계약을 체결하지 않았음에도 거짓으로 부동산거래신고를 한 경우
- 해제 등이 되지 않았음에도 거짓으로 해제신고를 한 경우

2 2년 이하 징역 또는 2천만원 이하 벌금
외국인 등이 허가를 받지 아니하고 토지취득계약을 체결하거나 부정한 방법으로 허가를 받아 토지취득계약을 체결한 경우

3 2년 이하 징역 또는 토지가격의 100분의 30에 해당하는 금액 이하 벌금
토지거래허가 또는 변경허가를 받지 아니하고 토지거래계약을 체결하거나, 속임수나 그 밖의 부정한 방법으로 토지거래계약 허가를 받은 경우

4 1년 이하 징역 또는 1천만원 이하 벌금
토지거래허가 취소, 처분 또는 조치명령을 위반한 자

▶ 부동산거래신고 위반
1 3천만원 이하 과태료
- 계약을 체결하지 않은 자가 거짓으로 부동산거래신고를 하는 경우
  (형벌이 부과된 경우 제외)

- 해제 등이 되지 않은 자가 거짓으로 해제등 신고를 하는 경우 (형벌이 부과된 경우 제외)
- 거래대금 지급을 증명할 수 있는 자료를 제출하지 아니하거나 거짓으로 제출한 자 또는 그 밖의 필요한 조치를 이행하지 아니한 자

2 500만원 이하의 과태료
- 부동산거래신고를 하지 아니한 자(공동신고를 거부한 자를 포함)
- 계약해제 등 신고를 하지 아니한 거래당사자(공동신고를 거부한 자를 포함)
- 개업공인중개사에게 부동산거래신고를 하지 아니하게 하거나 거짓으로 신고하도록 요구한 자
- 거짓으로 부동산거래신고에 따른 신고를 하는 행위를 조장하거나 방조한 자
- 거래대금 지급을 증명할 수 있는 자료 외의 자료를 제출하지 아니하거나 거짓으로 제출한 자

3 취득가액의 100분의 10 이하에 상당하는 금액의 과태료
부동산거래신고를 거짓으로 한 자(의무자가 아닌 자가 거짓신고한 것 포함)

4 100만원 이하 과태료
주택임대차계약신고를 하지 않았거나 거짓으로 신고한 자

▶외국인의 부동산 등의 취득신고 위반

1 300만원 이하의 과태료
계약으로 인한 신고를 하지 않거나 거짓으로 신고한 자

2 100만원 이하의 과태료
- 계약외 원인에 따른 취득의 신고를 하지 아니하거나 거짓으로 신고한 자
- 계속보유신고를 하지 아니하거나 거짓으로 신고한 자

▶ 부과징수권자 및 부과절차

1 부과징수

과태료는 신고관청이 부과·징수하며 과태료 부과기준은 대통령령으로 정하는 바에 따름

2 부과사실 통보

개업공인중개사에게 과태료를 부과한 경우 부과일부터 10일 이내에 해당 중개사무소 관할 시장·군수 또는 구청장에 통보하여야 함

▶ 자진신고자의 감면

1 자진신고

신고관청은 자진신고 대상의 위반사실을 자진 신고한 자에 대하여 대통령령으로 정하는 바에 따라 같은 규정에 따른 과태료를 감경 또는 면제할 수 있음

2 서류의 제출

신고하려는 자는 조사기관(국토교통부장관 또는 신고관청)에 신고서 및 위반행위를 입증할 수 있는 서류제출

3 조사가 시작된 시점

신고관청이 거래당사자 또는 개업공인중개사 등에게 자료제출 등을 요구하는 서면을 발송한 때

4 해당 여부 통보

신고관청은 자진 신고를 한 자에 대하여 과태료 감경 또는 면제대상에 해당하는지 여부, 감경 또는 면제의 내용 및 사유를 통보하여야 함

5 누설금지

조사기관의 담당 공무원은 신고자 등의 신원이나 제보 내용, 증거자료 등을 해당 사건의 처리를 위한 목적으로만 사용하여야 하며 제3자에게 누설금지

78강 자진신고자에 대한 감면 등

▶자진신고 대상

- 부동산등의 거래신고를 하지 아니한 자(공동신고를 거부한 자를 포함)
- 거래신고를 하지 아니하게 하거나 거짓 신고하도록 요구한 자
- 거짓으로 부동산등의 거래신고를 하는 행위를 조장하거나 방조한 자
- 부동산등의 거래신고를 거짓으로 한 자
- 외국인이 계약에 의한 부동산 등의 취득신고를 하지 아니하거나 거짓으로 신고한 자
- 외국인이 계약 외 원인으로 한 취득신고를 하지 아니하거나 거짓으로 신고한 자
- 외국인이 부동산 등의 계속보유 신고를 하지 아니하거나 거짓으로 신고한 자

▶감경 또는 면제의 기준

1 과태료의 면제

조사기관(국토교통부장관 또는 신고관청) 조사 시작 전 단독(거래당사자 등 일방이 공동으로 신고한 경우 포함)으로 최초 자진 신고하고 필요한 자료 등을 제공하는 등 조사가 끝날 때까지 성실하게 협조한 경우

2 100분의 50을 감경

조사기관의 조사 시작 후 허위신고 사실을 입증하는 데 필요한 증거를 충분히 확보하지 못한 상태에서 단독으로 최초 자진 신고하고 자료제공 및 성실 협조한 경우

3 과태료의 면제 및 감경 대상이 아닌 것

- 「국세기본법」 또는 「지방세법」 등 관련 법령을 위반한 사실 등이 관계기관으로부터 신고관청에 통보된 경우
- 자진 신고한 날로부터 과거 1년 이내에 3회 이상 자진 신고를 하여 해당 신고관청에서 과태료의 감경 또는 면제를 받은 경우

PART 03 중개실무

출제비율 19.8%

	구 분	25회	26회	27회	28회	29회	30회	31회	32회	33회	34회	계	비율(%)
중개실무	제1장 중개실무 총론	0	0	0	0	0	1	0	0	0	0	1	0.3
	제2장 중개계약	0	0	0	0	0	1	1	0	1	0	3	0.8
	제3장 중개대상물의 조사분석	4	1	2	1	2	1	1	2	3	3	20	5.0
	제4장 중개대상물의 중개기법	0	0	0	0	0	0	0	0	0	0	0	0.0
	제5장 부동산거래계약	1	1	0	0	0	1	0	0	0	0	3	0.8
	제6장 부동산거래 관련제도	4	4	5	3	3	2	3	2	4	3	33	8.3
	제7장 부동산경매 및 공매	2	1	2	2	2	1	2	1	2	2	17	4.3
	소 계	11	7	9	6	7	7	7	5	10	8	77	19.3

중개실무 총론

중개실무 총론

▶중개실무

1 중개실무

중개계약 성립시부터 중개완성까지의 의뢰인에게 행하는 모든 업무

▶중개업 경영의 특징

- 경영관리이론이 빈곤
- 수요자·공급자가 비고정적이고 비노출적
- 고객의사결정이 유동적
- 부동산시장이 복잡
- 중개업무가 다양
- 인사관리의 비중이 높음
- 기획과 통제가 곤란
- 순수익이 유동적

▶리스팅 농장의 경영

1 리스팅(Listing)

중개계약을 의미함

2 리스팅 농장

개업공인중개사가 중개의뢰를 지속적으로 확보하기 위하여 중개활동을 벌이는 일정 지역

▶ 직접수집방법과 간접수집방법

1 직접수집방법

개업공인중개사가 직접 수집하는 방법
- 호별 방문, 전화, 안내우편
- 개업피로연 및 사교활동
- 광고검색, 공지(空地)·공가(空家)의 조사

2 간접수집방법

간접수집방법은 제3자의 소개에 의해 이루어지게 됨
- 판매자협력 활용법
- 연쇄소개법
- 유력자 이용법
- 단체개척법

▶ 부동산 경기에 따른 수집방법

1 상향 회복시장의 경우

많은 매도 중개의뢰 수집해야 하며 매수중개의뢰는 유효성이 높은 것을 중심으로 수집

2 하향 후퇴시장의 경우

많은 매수 중개의뢰 수집해야 하며 매도중개의뢰는 유효성이 높은 것을 중심으로 수집

3 안정시장의 경우

실소유자가 접근이 쉬운 부동산의 매도중개계약과 매수중개계약에 주력해야 함

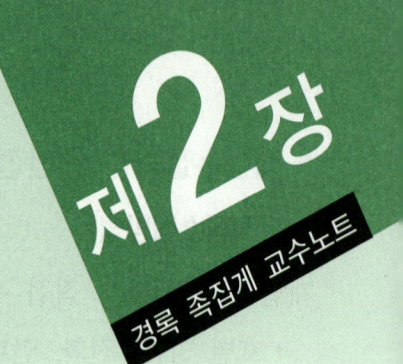

중개계약

▶중개계약의 특징
- 낙성계약, 불요식 계약
- 쌍무계약, 유상계약
- 비전형계약, 무명계약
- 위임계약과 유사

▶중개계약의 종류

1 일반중개계약
의뢰인이 다수의 개업공인중개사에게 의뢰하고 먼저 거래를 성사시킨 개업공인중개사가 중개보수를 받는 형태(우리나라에서 가장 많이 이용)

2 전속중개계약
중개의뢰인이 특정한 개업공인중개사를 정하여 그 개업공인중개사에게만 중개를 의뢰하는 계약

3 독점중개계약
특정 개업공인중개사에게 전적으로 거래의 독점성을 인정한 제도

4 공동중개계약
다수의 개업공인중개사가 하나의 중개대상물을 공동으로 중개하는 형태(부동산거래정보망 등을 통하여 이루어지고 있음)

5 순가중개계약

중개의뢰인이 제시한 매도가격보다 더 초과한 가격으로 거래가 된 경우 그 초과한 부분은 개업공인중개사가 중개보수로 획득하는 제도 (중개사법에 위반될 수 있음)

▶중개계약의 서면화 필요성(장점)
- 부동산거래의 자주적 통제를 할 수 있음
- 부동산유통시장의 정비 및 근대화에 기여할 수 있음
- 개업공인중개사와 중개의뢰인 간에 분쟁을 예방할 수 있음
- 부동산투기를 예방할 수 있음

▶일반중개계약서 작성방법(앞면)

1 乙(을)의(개업공인중개사) 의무사항
을은 중개대상물의 거래가 조속히 이루어지도록 성실히 노력하여야 함

2 甲(갑, 중개의뢰인)의 권리의무사항
- 갑은 이 계약에 불구하고 중개대상물의 거래에 관한 중개를 다른 개업공인중개사에게도 의뢰할 수 있음
- 갑은 을이 중개대상물의 확인·설명의무를 이행하는데 협조하여야 함

3 손해배상책임
을이 다음 행위를 한 경우에는 甲에게 그 손해를 배상하여야 함

(1) 중개보수 또는 실비의 과다수령 : 차액 환급
(2) 중개대상물의 확인·설명을 소홀히 하여 재산상의 피해를 발생하게 한 경우 : 손해액 배상

4 기타 사항

이 계약에 정하지 아니한 사항에 대하여는 甲과 乙이 합의하여 별도로 정할 수 있음

5 서명 또는 날인

이 계약을 확인하기 위하여 계약서 2통을 작성하여 계약당사자 간에 이의가 없음을 확인하고 각자 서명 또는 날인한 후 쌍방이 1통씩 보관

(1) 중개의뢰인 : 주소, 성명, 생년월일, 전화번호

(2) 개업공인중개사 : 주소, 성명, 상호, 등록번호, 생년월일, 전화번호

6 권리이전용

소유자 및 등기명의인, 중개대상물의 표시(권리금, 관리비), 권리관계, 거래규제 및 공법상 제한사항, 중개의뢰 금액

7 권리취득용

희망물건의 종류, 희망가격, 희망지역, 그 밖의 희망조건

중개대상물 조사·분석

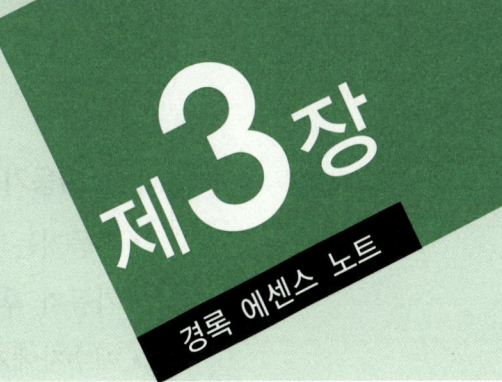

81강
목적 및 절차
공부상 조사

▶ 조사분석 목적 및 절차

1 조사분석 목적
- 중개대상물 확인설명과 권리분석을 위한 기초자료 활용
- 중개대상물의 가격과 입지분석 및 셀링포인트 추출을 위한 기초자료 활용

2 조사분석 절차
공부조사 → 현장조사 → 조사자료수집정리 및 분석 → 중개업무에 활용

3 권리분석의 중요성
모든 거래에서 권리분석이 전제되어야 하며, 확인설명서 작성근거 및 손해배상청구사유가 되기도 함

▶ 부동산등기부의 조사분석

1 등기부의 표제부, 갑구, 을구란을 통해 사실관계·권리관계를 확인
- 표제부의 경우 대장과 불일치 할 경우 대장이 우선
- 갑구란의 소유자 사항이 대장과 불일치 하는 경우 등기부가 우선

2 이중등기 분석
소유권보존등기의 이중등기의 경우 선등기에 원인무효가 없는 한 후등기가 무효

3 가등기분석

- 가등기는 순위보전의 효력이 있음
- 가등기 후의 제3자의 본등기보다 가등기가 우선
- 매수자에게 위험성을 알리고 말소조건으로 중개

4 경매등기의 분석

- 경매개시결정 등기가 있는 경우 말소조건으로 중개는 가능함
- 경매취하가 어려우므로 가능하면 중개를 피하는 것이 바람직함

▶ 지적공부 조사

1 지적도, 임야도

토지의 경계, 토지의 상세위치와 형상, 지목 등 확인

2 지적공부 분석

- 지적공부와 등기부와의 불일치한 경우
    - 사실관계는 지적공부가 우선
    - 권리관계는 등기부가 우선
- 지적공부상의 분할절차를 거치지 않은 분할등기 무효
- 지적도상의 경계가 실제경계와 틀린 경우 지적도상의 경계가 우선

▶ 건축물대장과 토지이용계획확인서

1 건축물대장의 분석

건축물의 소재지, 면적, 구조, 용도, 소유자사항, 주차장 여부, 오수정화시설 용량, 사용승인일자 등을 확인

2 토지이용계획확인서의 분석

- 「토지이용규제 기본법」에 근거하여 토지이용계획 및 거래규제, 이용제한 사항 등에 대해 기재한 것으로 시장·군수·구청장이 발급
- 지역, 지구, 구역 등의 명칭을 쓰는 모든 것을 확인하지 못함

82강 현장조사(Ⅰ)

▶현장조사 개요

1 공부상 확인한 것 재확인
지목이나 건축물의 용도 등은 공부상 조사, 확인한 것을 현장을 통해 다시 확인할 필요가 있음

2 미공시 사항 확인
임차인의 수, 법정지상권이나 유치권, 분묘기지권 여부 확인, 정원수, 조각물, 무허가 건축물 여부 등을 확인

3 물건상태 확인
벽면 및 도배상태, 각종 시설상태 확인, 입지조건 등에 대해 확인

▶법정지상권

1 법정지상권의 의미
법률이나 관습법에 의해 건물의 철거를 방지하기 위하여 인정하는 건물지반의 토지사용권이라 할 수 있는 법정권리임

2 법정지상권의 성격
- 등기없이 효력이 발생하는 법률규정에 의한 물권변동으로서 건물소유에 부속되는 종속되는 권리가 아님
- 법정지상권은 독립된 물권의 성격을 가지며 건물소유자가 건물과 법정지상권 어느 하나만을 처분하는 것도 가능함

▶ 분묘기지권

1 분묘기지권

타인의 토지에 분묘를 설치한 자가 그 분묘를 소유·관리하기 위하여 분묘의 기지부분인 토지를 사용할 수 있는 지상권과 유사한 물권

2 분묘기지권 발생요건

- 타인의 토지에 승낙을 얻어 설치한 경우
- 자기 소유 토지에 분묘를 설치한 후 특별한 약정을 하지 않고 토지를 양도한 경우
- 타인 소유 토지에 허락을 얻지 않고 분묘를 설치한 후 20년간 평온·공연하게 그 분묘를 점유한 경우(장사 등에 관한 법률 시행 이후 설치된 분묘는 적용 안 됨)

3 평장 및 암장

평장 또는 암장되어 객관적으로 인식할 수 있는 외형을 갖추지 아니한 경우에는 인정되지 않음

4 주위 공지까지 포함

그 분묘의 설치목적인 분묘의 수호·제사에 필요한 범위 내에서 분묘기지 주위의 공지를 포함한 지역에까지 미침

5 분묘기지권의 존속기간

권리자가 분묘의 수호와 봉사를 계속하며 그 분묘가 존속하고 있는 동안은 분묘기지권이 존속함

6 지료

분묘기지권을 시효취득하는 경우 토지소유자가 지료를 청구한 때부터 지료지급의무가 발생

7 쌍분 및 단분 설치

부부 중 일방이 합장을 위하여 쌍분(雙墳)의 형태의 분묘 및 단분(單墳)의 형태로 합장하여 분묘를 설치하는 것도 허용되지 않음

8 원상회복 가능한 멸실

유골이 존재하여 분묘의 원상회복이 가능하여 일시적 멸실에 불과하다면 분묘기지권은 소멸하지 않고 존속함

▶묘지의 종류

1 공설 묘지
시·도지사 또는 시장·군수·구청장이 운영하는 묘지

2 사설 묘지

(1) **법인 묘지** : 재단법인으로 설립, 10만 평방미터 이상, 시장 등의 허가

(2) **종중 또는 문중 묘지** : 1천 평방미터 이하, 시장 등의 허가

(3) **가족 묘지** : 100평방미터 이하, 시장 등의 허가

(4) **개인 묘지** : 30평방미터 이내(합장 포함), 설치한 후 30일 이내에 시장 등에게 신고

▶자연장지의 종류

(1) **법인자연장지** : 재단법인으로 설립, 5만 평방미터 이상, 시장 등의 허가

(2) **종교자연장지** : 면적은 4만 평방미터 이하, 시장 등의 허가

(3) **종중 또는 문중 자연장지** : 2천 평방미터 이하, 설치하고자 할 때 시장 등에게 신고

(4) **개인·가족 자연장지** : 100평방미터 미만
- 가족 : 100평방미터 미만, 설치하고자 할 때 신고
- 개인 : 30평방미터 미만, 설치 후 30일 이내 신고

83강
현장조사(Ⅱ)

▶타인의 토지에 허락없이 설치한 묘지(자연장지)의 개장

1 개장사유

토지소유자, 묘지 설치자 및 연고자는 다음에 해당하는 분묘에 대하여 시장 등에게 허가를 받아 분묘에 매장된 시체 또는 유골을 개장할 수 있음

- 토지소유자의 승낙 없이 당해 토지에 설치한 분묘
- 묘지 설치자 또는 연고자의 승낙 없이 당해 묘지에 설치한 분묘

2 권리주장 불가

분묘 또는 자연장지 설치자 또는 연고자는 토지소유자에 대하여 토지사용권 기타 분묘(자연장지)의 보존을 위한 권리를 주장할 수 없음

▶분묘의 설치기간 제한

- 분묘의 설치기간은 30년으로 함
- 설치기간이 경과한 분묘의 연장을 신청하는 경우에는 30년씩 1회에 한하여 당해 설치기간을 연장하여야 함
- 연고자는 설치기간이 끝난 분묘에 대하여 1년 이내에 개장하여 화장하거나 봉안하여야 함

▶입목, 공장재단, 광업재단

1 입 목

- 입목등록원부와 등기부를 통해 소유권 및 저당권 확인
- 수종, 수량을 현장확인을 통해 확인

2 공장재단 및 광업재단

- 재단목록과 등기부를 통해 소유권과 저당권 여부 확인
- 재단목록과 현장확인을 통해 목록과의 일치 여부를 확인

▶ 분양권 중개시 확인사항

- 분양계약이 체결되어 있는지 여부
- 매도중개의뢰인이 보유한 분양권이 적법하게 존재하는지 여부
- 중도금 등의 연체료 등의 부담이 있는지 여부

▶ 확인·설명서(Ⅰ) – 주거용

1 작성일반

- [ ] 있는 항목 : 해당되는 "[ ]" 안에 ✓로 표시
- 세부항목 작성 : 해당 내용을 작성란에 모두 작성할 수 없는 경우에는 별지로 작성하여 첨부하고, 해당란에는 "별지 참고"라고 적음

2 확인·설명자료 항목

- 확인·설명 근거자료 등 : 확인·설명과정에서 제시한 자료를 기재(등기권리증, 등기사항증명서, 토지대장, 건축물대장, 지적도, 임야도, 토지이용계획확인서 등)
- 대상물건의 상태에 관한 자료요구 사항 : 개업공인중개사 세부 확인사항란에 대하여 매도(임대)의뢰인에게 요구한 사항 및 그 관련 자료의 제출 여부 기재

3 개업공인중개사 기본 확인사항

개업공인중개사가 확인한 사항을 기재함

- 대상물건 표시
- 권리관계
- 토지이용계획과 공법상 이용제한 및 거래규제에 관한 사항
- 입지조건
- 관리에 관한 사항
- 비선호시설
- 거래예정금액 등
- 취득시 부담할 조세 종류 및 세율

84강
확인·설명서
작성방법(Ⅰ)

4 대상물건의 표시

- 토지대장 및 건축물대장 등을 확인하여 적음
- 건축물의 방향은 주택의 경우 거실이나 안방 등 주실(主室)의 방향을, 그 밖의 건축물은 주된 출입구의 방향을 기준으로 남향, 북향 등 방향을 적고 방향의 기준이 불분명한 경우 기준(예 남동향 -거실 앞 발코니 기준)을 표시하여 적음
- 건축물은 내진설계 적용 여부, 내진능력 확인
- 위반건축물 여부 확인

5 권리관계의 등기부기재사항

- 등기사항증명서를 확인
- 근저당 등이 있는 경우 채권최고액을 확인하여 적음

6 권리관계의 민간임대록여부

임대주택 정보체계 또는 임대인에게 확인, 임차인의 권리와 의무사항을 설명하여야 함
 - 임대의무기간, 임대개시일 확인하여 기재

7 계약갱신요구권 행사여부

확인여부 기재(확인서류 첨부)

- 민간임대주택 : 「민간임대주택에 관한 특별법」에 따른 임대사업자가 등록한 주택
- 임대료 증액청구 : 5퍼센트의 범위에서 주거비 물가지수, 인근지역 임대료 변동률 등을 고려하여 시행령으로 정하는 증액비율을 초과하여 청구할 수 없으며, 임대차계약 또는 임대료 증액이 있은 후 1년 이내에는 그 임대료를 증액할 수 없음
- 임대사업자 의무 : 임차인이 의무를 위반하거나 임대차를 계속하기 어려운 경우 등에 해당하지 않으면 임대의무기간 동안 임차인과의 계약을 해제·해지하거나 재계약을 거절할 수 없음

8 토지이용계획, 공법상 이용제한 및 거래규제에 관한 사항

- 건폐율 및 용적률 상한 : 시·군의 조례에 따라 기재
- 지역·지구, 투기·허가, 신고 그 밖의 사항 : 토지이용계획확인서의 내용을 확인
- 도시·군계획시설, 지구단위계획구역, 그 밖의 도시·군관리계획 : 개업공인중개사가 확인하여 기재
- 공부에서 확인할 수 없는 사항 : 부동산종합정보망 등에서 확인
- 임대차의 경우 : 생략할 수 있음

9 입지조건

- 도로와의 관계(포장, 비포장, 접근성)
- 대중교통(버스, 지하철)
- 주차장
- 교육시설(초·중·고등학교)
- 판매 및 의료시설(백화점 및 할인매장, 종합의료시설)

10 관리에 관한 사항

경비실, 관리주체

11 비선호시설

1km 이내

12 거래예정금액 등

- 거래예정금액은 중개가 완성되기 전 거래예정금액 기재
- 개별공시지가 및 건물(주택)공시가격은 중개가 완성되기 전 공시된 공시지가 또는 공시가격(임대차의 경우에는 생략할 수 있음)

85강
확인·설명서 작성방법(Ⅱ)

13 취득시 부담할 조세의 종류 및 세율

중개가 완성되기 전 「지방세법」의 내용을 확인하여 기재(임대차의 경우에는 제외)

14 개업공인중개사 세부 확인사항

- 개업공인중개사가 매도 또는 임대의뢰인에게 자료를 요구하여 고지한 사항 기재
- 실제권리관계 또는 공시되지 않은 물건의 권리사항
- 내부·외부 시설물의 상태
- 벽면 및 도배상태
- 환경조건

15 실제권리관계 또는 공시되지 아니한 물건의 권리에 관한 사항

- 매도(임대)의뢰인이 고지한 사항을 기재
- 법정지상권, 유치권, 임대차, 토지에 부착된 조각물 및 정원수를 기재
- 공동주택 중 분양을 목적으로 건축되었으나 분양되지 아니하여 보존등기만 마쳐진 상태인 공동주택에 대하여 임대차계약을 알선하는 경우에는 이를 임차인에게 설명
- 임대차계약이 있는 경우 임대보증금, 월 단위의 차임액, 계약기간, 장기수선충당금의 처리 등을 확인

16 내·외부의 시설물 상태(건축물)

- 수도, 전기, 가스(취사용), 소방(단독경보형 감지기), 난방방식 및 연료공급, 승강기, 배수, 그 밖의 시설물
- 소방 : 단독경보형 감지기는 주택용 소방시설로서 아파트(주택으로 사용하는 층수가 5개층 이상인 주택)를 제외한 주택의 경우만 작성
- 그 밖의 시설물 : 가정자동화 시설(Home Automation 등 IT 관련 시설) 설치 여부

17 벽면 및 도배상태

벽면 및 도배

18 환경조건

일조량, 소음, 진동

19 중개보수 및 실비

- 조례를 확인하여 상한요율 및 한도액을 적고·협의된 중개보수 및 실비는 개업공인중개사와 중개의뢰인이 협의하여 결정한 금액을 적음
- 〈산출내역〉의 중개보수는 거래예정금액을 기준으로 계산
- 협의된 중개보수의 산출내역을 적음
- 부가가치세는 별도로 부과될 수 있음

20 서명 및 날인

- 참여한 개업공인중개사(소속공인중개사를 포함)는 모두 서명 및 날인
- 2명을 넘는 경우에는 별지로 작성하여 첨부(거래당사자는 서명 또는 날인)

86강 확인·설명서 작성방법(Ⅲ)

▶확인·설명서(Ⅱ) − 비주거용

1 확인·설명자료, 대상물건의 표시, 권리관계, 토지이용계획, 공법상 이용제한 및 거래규제에 관한 사항 : 주거용과 동일

2 입지조건
- 도로와의 관계(포장, 비포장, 접근성)
- 대중교통(버스, 지하철)·주차장

3 관리에 관한 사항, 거래예정금액, 취득시 부담할 조세의 종류 및 세율
주거용과 동일 〈주의〉 비선호시설란 없음

4 실제권리관계 또는 공시되지 않은 권리관계 : 주거용과 동일

5 내·외부의 시설물 상태(건축물)
- 수도, 전기, 가스(취사용), 소방(소화전, 비상벨), 난방방식 및 연료공급, 승강기, 배수, 그 밖의 시설물
- 그 밖의 시설물
  - 상업용 : 오수정화시설용량
  - 공업용 : 오수정화시설용량, 전기용량, 용수시설

6 벽면상태
도배 없음 〈주의〉 환경조건란 없음

▶ 확인·설명서(Ⅲ) - 토지용

1 확인·설명자료, 대상물건의 표시, 권리관계, 토지이용계획, 공법상 이용제한 및 거래규제에 관한 사항 : 주거용과 동일

2 입지조건
- 도로와의 관계(포장, 비포장, 접근성)
- 대중교통(버스, 지하철)

3 비선호시설, 거래예정금액, 취득 시 부담할 조세의 종류 및 세율

주거용과 동일

> **주의** 관리에 관한 사항 없음

4 실제권리관계 또는 공시되지 아니한 물건의 권리에 관한 사항
- 매도(임대)의뢰인이 고지한 사항을 기재
- 지상에 점유권 행사 여부, 구축물, 적치물, 진입로, 경작물
- 임대차계약이 있는 경우 임대보증금, 월 단위의 차임액, 계약기간 등을 확인

> **주의** 내외부시설, 벽면도배, 환경조건 : 기재란 없음

▶확인·설명서(Ⅳ) – 입목, 광업재단, 공장재단용

1 대상물건의 표시

소재지(등기, 등록지)

2 재단목록 또는 입목의 생육상태

- 공장재단 및 광업재단 : 재단목록과 등기사항증명서
- 입목 : 입목등록원부와 입목 등기사항증명서

3 그 밖의 참고사항 : 참고할 사항이 있으면 기재

4 거래예정금액, 취득 시 부담할 조세의 종류 및 세율

주거용과 동일

5 실제권리관계 또는 공시되지 아니한 물건의 권리에 관한 사항

- 매도(임대)의뢰인이 고지한 사항을 기재
- 임대차, 법정저당권, 법정지상권, 유치권
- 임대차계약이 있는 경우 보증금, 월 단위의 차임액, 계약기간 등을 확인하여 기재

중개대상물 중개기법

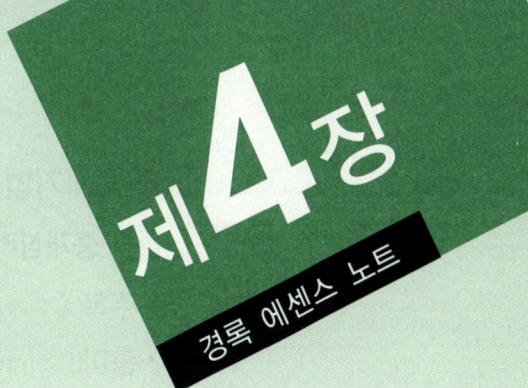

87강 중개기법

▶ **셀링포인트**

1 특징분석(셀링 포인트 ; selling point) 개념

- 부동산이 가지고 있는 특징 중 권리취득의뢰인에게 만족을 주는 특징들을 말함
- 이를 판매소구점이라고도 함

2 부동산의 3측면에서의 셀링포인트

- 법률적 측면 : 소유권의 진정성, 공법상 제한이 없음
- 경제적 측면 : 가격 저렴, 임대료 저렴, 투자가치
- 기술적 측면 : 기초나 설비, 시공, 동선

3 셀링포인트의 가변성

- 권리취득의뢰인에 따라 다름
- 중개대상물의 종류나 지역에 따라 다름

4 셀링포인트의 기준

- 주거용 : 쾌적성
- 상업용 : 수익성
- 농업용 : 비옥도, 생산성
- 공업용 : 생산성

5 셀링포인트의 활용

- 과다한 셀렝포인트의 제시는 중개의뢰인의 판단을 흐리게 함
- 스스로 지각할 수 있도록 간접적으로 제시하는 것이 바람직

▶ 중개기법

1 중개심리 : 마케팅 이론에서 파생

- 주목(A ; Attention) : 광고
- 흥미(I ; Interest) : 설명, 설득
- 욕망(D ; Desire) : 구매욕구 발생
- 행동(A ; Action) : 계약체결

2 중개완성(Closing)

계약서에 서명·날인하는 행위, 즉 중개완성단계를 말하며 넓은 의미에서는 부동산의 소유권을 현실적으로 이전시키는 행위를 말하기도 함

▶ 클로징의 기법

1 점진적 확인법

고객이 안심하고 이야기를 할 수 있도록 대답하기 쉬운 질문을 하며 계약을 성사시키는 방법

2 계약전제법

중개의뢰인이 취득할 의향이 있는 경우 계약서를 들이밀고 즉시 계약을 하는 것처럼 하면서 계약을 성사시키는 방법

3 부분 선결법

합의되지 않는 사항을 뒤로 미루고 합의가 될 사항부터 순차적으로 합의하여 계약을 체결하는 방법(세부선결법이라고도 함)

4 장단비교법

거래대상 부동산은 장점을, 비교대상 부동산은 단점을 설명하며 계약을 성사시키는 방법

5 결과강조법
과거에 투자하여 성공한 사례 등을 제시하는 방법

6 만족강조법
부동산을 구입할 경우 발생되는 기대효과를 강조하는 방법

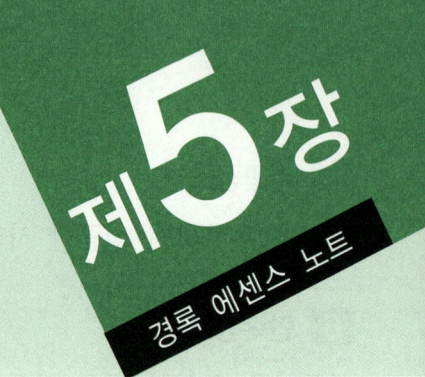

부동산거래계약

▶ 거래계약서 기재사항

1 거래당사자 인적사항

- 소유자와 거래하는 경우 : 진정한 소유자 확인(등기부와 주민등록증 등을 통해)
- 제한능력자가 당사자인 경우
  - 미성년자나 피한정후견인의 경우 : 법정대리인 또는 후견인의 동의 확인
  - 피성년후견인인 경우 : 후견인의 동의가 있더라도 직접 계약을 피하고 후견인과 계약체결
  - 피한정후견인 또는 피성년후견인 확인 : 후견등기부를 통해 확인
- 회사일 경우 : 대표자의 처분권한 확인
- 총유일 경우 : 사원총회 결의나 종중규약을 확인

2 거래금액·계약금액 및 그 지급일자 등 지급에 관한 사항

- 거래금액
  - 총 거래대금을 명확히 표시
  - 총면적에 대한 거래가격과 단위면적당 거래가격을 함께 표시(수량을 지정한 매매가 될 수 있도록 기재)
- 계약금액
  - 계약금은 거래가격의 10%
  - 특별한 약정이 없으면 해약금으로 추정

▶ 거래권한 확인

1 건물의 전대차
건물 전대차에 있어 임대인의 동의 여부 확인

2 대리인의 경우
- 위임장과 인감증명서 첨부 확인
- 부부 간에도 위임 여부 확인

3 타인소유 부동산
- 타인 소유 부동산을 매매한 경우에도 당연 무효는 아님
- 이행의무와 손해배상의무가 있음

▶ 대상물의 특정

1 목적물과 대금이 특정
목적물과 대금은 계약체결 당시 특정될 필요 없고 방법과 기준이 정해져 있으면 됨, 다만 어떠한 부동산인지 개수가 얼마인지 모를 정도의 추상적이라면 무효임

2 목적물과 다른 소유권이전
합의된 부동산이 아닌 경우 계약 무효이며, 이로 인한 소유권이전 등기도 무효임

▶ 부동산전자계약

1 개요
종이 서류 대신 온라인 시스템을 통해 부동산거래계약서를 작성하고 전자서명을 하는 방식

2 개업공인중개사를 통한 계약만 가능
매매뿐만 아니라 전세나 월세계약도 전자계약이 가능하며 공인중개사를 통한 중개거래에 한하여 전자계약이 가능

3 전자계약의 장점 : 거래당사자
- 주택매매 및 전세자금대출 우대금리 적용
- 등기수수료 30% 절감
- 임대차계약의 경우 확정일자 무료 자동 부여
- 도장없이 계약이 가능하며 별도의 계약서 보관이 필요 없음
- 공인중개사 및 거래당사자 신분확인 철저
- 계약서 위변조 및 부실한 확인·설명방지
- 거래당사자는 거래계약시스템에 가입할 필요없이 핸드폰으로 신분확인 및 서명

4 전자계약의 장점 : 개업공인중개사
- 개업공인중개사와 소속공인중개사는 거래계약시스템에 가입하여 공인인증으로 신분확인
- 매매계약의 경우 부동산거래신고서 제출한 것으로 봄
- 확인설명서 및 거래계약서 문서보관 불필요
- 등록한 개업공인중개사만이 할 수 있으므로 무자격·무등록자의 불법중개행위 차단
- 건축물대장, 토지대장 등 부동산서류 발급 불필요
- 부동산 중개사고 예방

5 전자계약 절차

(1) 계약서 작성 절차
매매, 임대차 계약서 선택 → 확인설명서(기본)작성 → 확인설명서(세부) 작성 → 거래계약서 작성 → 거래당사자 주소 등 작성 → 계약서 생성

(2) 거래당사자 전자서명
전자계약 앱 로그인 → 계약서 선택 → 동의 및 인증 → 개업공인중개사 신분확인 → 거래당사자 휴대폰 인증 → 거래당사자 신분증 촬영 → 확인설명서 내용 확인 → 신분증 사진, 공제증서 확인 → 계약내용 확인 → 전자서명

(3) 개업공인중개사 전자서명
시스템 로그인 → 마이페이지 계약조회 → 계약내용 및 의뢰인 서명확인 → 개업공인중개사 휴대폰 본인 인증 → 공인인증 전자서명

제6장 부동산거래 관련 제도

90강 부동산등기 특별조치법

▶ 등기신청의무

1 소유권이전등기 신청의무

- 쌍무계약 : 반대급부의 이행이 완료된 날부터 60일 이내
- 편무계약 : 그 계약의 효력이 발생한 날부터 60일 이내

2 소유권보존등기 신청의무

- 등기가 가능한 경우 : 그 계약을 체결한 날부터 60일 이내
- 등기가 불가능한 경우 : 소유권보존등기를 신청할 수 있게 된 날부터 60일 이내

▶ 미등기 전매 금지

1 반대급부 이행 완료된 날 이후

계약을 체결하기 전에 먼저 체결된 계약에 따라 소유권이전등기를 신청하여야 함

2 반대급부 이행 완료되기 전

먼저 체결된 계약의 반대급부의 이행이 완료 날부터 60일 이내에 먼저 체결된 계약에 따라 소유권이전등기를 신청하여야 함
　〈위반 시〉 조세포탈 또는 법령상 회피인 경우 3년 이하 징역 또는 1억원 이하의 벌금

▶ 검인신청

1 검인신청의무
계약을 원인으로 소유권이전등기를 신청할 때

2 신청하는 곳
부동산의 소재지 시장·군수 또는 구청장

3 검인의 위임
- 시장·군수 또는 구청장은 읍·면·동장에게 위임할 수 있음
- 이 경우 시장·군수 또는 구청장은 그 뜻을 등기소장에게 통지하여야 함

4 검인신청시 필요적 기재사항
- 당사자
- 목적부동산
- 계약 연월일
- 대금 및 지급일자 등 지급에 관한 사항 또는 평가액 및 그 차액의 정산에 관한 사항
- 개업공인중개사가 있을 때에는 개업공인중개사
- 계약의 조건이나 기한이 있을 때에는 그 조건 또는 기한

5 검인신청시 제출서류
- 계약서의 원본 및 사본 2통을 제출(법원의 판결로 소유권이 이전되는 경우 판결서 정본 및 부본 2통을 제출)
- 2개 이상의 시·군·구에 있는 수개의 부동산의 소유권이전을 내용으로 하는 계약서 또는 판결문 등을 검인받고자 하는 경우에는 시·군·구의 수에 1통을 더한 통수 제출

▶ 검인절차

1 검인 신청할 수 있는 자
- 계약을 체결한 당사자 중 1인이나 그 위임을 받은 자
- 계약서를 작성한 변호사와 법무사 및 개업공인중개사가 신청할 수 있음

2 형식적 심사
- 검인신청을 받은 경우 시장·군수·구청장은 계약서 또는 판결서등의 형식적 요건의 구비 여부만을 확인함
- 그 기재에 흠결이 없다고 인정한 때에는 지체없이 검인을 하여 검인신청인에게 교부

▶ 등기원인 허위기재 금지

등기신청서에 등기원인을 허위로 기재하여 신청하거나 소유권이전등기 외의 등기를 신청하여서는 아니 됨

〈위반 시〉 3년 이하 징역 또는 1억원 이하

91강 부동산실권리자 명의등기에 관한 법률

▶ 명의신탁

1 명의신탁약정
- 부동산에 관한 소유권 기타 물권을 보유한 자 또는 사실상 취득하거나 취득하려고 하는 자(실권리자)가 타인과의 사이에서 대내적으로는 실권리자가 부동산에 관한 물권을 보유하거나 보유하기로 하고 그에 관한 등기는 그 타인의 명의로 하기로 하는 약정을 말함
- 등기는 가등기를 포함
- 약정에는 위임·위탁매매의 형식에 의하거나 추인에 의한 경우를 포함함

2 명의신탁약정이 아닌 사항

- 양도담보 및 가등기담보
  - 양도담보취지가 기재된 서면을 등기신청서와 함께 등기관에게 제출하여야 함
- 부동산의 위치와 면적을 특정하여 2인 이상이 구분소유하기로 하는 약정을 하고 그 구분소유자의 공유로 등기
- 신탁 재산인 사실을 등기한 경우

3 명의신탁자 및 명의수탁자

- 명의신탁자 : 자신의 부동산에 관한 물권을 타인의 명의로 등기하게 하는 실권리자를 말함
- 명의수탁자 : 실권리자의 부동산에 관한 물권을 자신의 명의로 등기하는 자를 말함

▶종중 및 배우자, 종교단체에 대한 특례, 실명등기의무

1 명의신탁 약정 특례

부부간의 재산, 종중재산, 종교재산 : 조세포탈, 강제집행의 면탈 또는 법령상 제한의 회피를 목적으로 하지 않는 경우에는 이 법의 효력규정, 벌칙규정, 과징금규정을 적용하지 않음

2 실권리자 등기의무

부동산에 관한 물권은 명의신탁 약정에 의하며 명의수탁자의 명의로 등기하여서는 안 되며 실권리자의 명의로 등기하여야 함

▶명의신탁약정의 효력

1 명의신탁 약정은 무효

- 실권리자가 아닌 명의신탁 약정으로 등기를 하였다면 이는 무효
- 이에 따라 행하여진 등기에 의한 부동산에 관한 물권변동은 무효

2 무효의 예외

부동산의 물권을 취득하기 위한 계약에서 명의수탁자가 그 일방당사자가 되고 그 타방당사자는 명의신탁약정이 있다는 사실을 알지 못한 경우 명의신탁약정은 무효이나 물권변동은 유효(계약명의신탁)

▶벌 칙

(1) 5년 이하의 징역 또는 2억원 이하의 벌금 : 명의신탁자
(2) 3년 이하의 징역 또는 1억원 이하의 벌금 : 명의수탁자

▶과징금

(1) **과징금 부과대상** : 명의신탁자
(2) **과징금 부과율** : 부동산 평가액의 30% 범위 내에서 부과
(3) **이행강제금**
  ① 100분의 10 : 과징금 부과일로부터 1년 이내에 실명 등기를 하지 않은 경우
  ② 100분의 20 : 첫 이행강제금 부과일로부터 1년 이내에 실명등기를 하지 않은 경우

92강 주택임대차보호법(Ⅰ)

▶주택임대차보호법의 적용범위
- 이 법은 주거용 건물의 전부 또는 일부의 임대차에 관하여 적용함
- 임차주택의 일부가 주거 외의 목적으로 사용되는 경우에도 적용됨
- 국민주택기금을 재원으로 하여 저소득층 무주택자에게 주거생활 안정을 목적으로 전세임대주택을 지원하는 법인(토지주택공사, 지방공사)도 적용됨
- 「중소기업기본법」에 따른 중소기업에 해당하는 법인이 소속 직원의 주거용으로 주택을 임차한 후 직원이 해당 주택을 인도받고 주민등록을 마쳤을 때 적용됨

▶대항력

1 대항력
점유와 주민등록을 마친 때 그 다음날 0시부터

2 대항력 발생요건
- 다가구 주택의 경우에는 지번까지만 전입 신고해도 되나 다세대 주택의 경우에는 지번뿐만 아니라 동·호수까지 정확하게 기재하여야 함
- 전입신고시 지번을 임차인이 잘못 기재하여 후에 수정한 경우 수정한 날의 다음날 비로소 대항력이 발생
- 주민등록은 그 가족의 주민등록으로도 가능함

▶확정일자

1 확정일자 효력
- 확정일자를 받으면 대항력 이외에 후순위권리자보다 우선하여 변제를 받을 수 있는 우선변제권을 취득하게 됨
- 확정일자는 반드시 대항력을 갖추고 있어야 하며 확정일자를 받으면 그 날부터 확정일자의 효력이 발생

2 확정일자 받는 곳(확정일자 부여기관)

- 읍·면사무소
- 동 주민센터 또는 시·군·구(자치구)의 출장소
- 지방법원 및 그 지원과 등기소 또는 공증인

3 경매신청권 부여 여부

경매신청권이나 전전세권이 주어지지는 않음

4 확정일자인에 대한 정보제공요청

- 주택임대차에 이해관계가 있는 자는 확정일자부여기관에 해당 주택의 확정일자 부여일, 차임 및 보증금 등 정보의 제공을 요청할 수 있음
- 요청을 받은 확정일자부여기관은 정당한 사유 없이 이를 거부할 수 없음
- 임대차계약을 체결하려는 자는 임대인의 동의를 받아 확정일자부여기관에 정보제공을 요청할 수 있음

93강 주택임대차보호법(Ⅱ)

▶ 보증금 반환채권의 양수와 우선변제권

1 우선변제권의 승계

금융기관 등이 우선변제권을 취득한 임차인의 보증금반환채권을 계약으로 양수한 경우에는 양수한 금액의 범위에서 우선변제권을 승계함

2 우선변제권을 행사할 수 없는 경우

임차인이 대항요건을 상실한 경우, 임차권등기가 말소된 경우

3 임대차 해지 금지

금융기관등은 우선변제권을 행사하기 위하여 임차인을 대리하거나 대위하여 임대차를 해지할 수 없음

▶소액보증금의 보호(최우선변제)

1 소액임차인의 우선변제(최우선변제)

- 순위에 관계없이 일반채권자는 물론 선순위 저당권자 등 모든 권리자보다 우선하여 경매절차에서 배당을 받게 되는 것을 의미함
- 대항력을 갖추고 있어야 하며 대항력이 없다면 최우선변제를 받지 못함
  - 확정일자는 최우선변제의 요건이 아님
- 임차인은 건물에 대한 경매신청의 등기 전에 대항요건을 갖추어야 함

2 소액임차인의 우선변제범위

2023.2.21. ~현재	서울특별시	1억6천5백만원 이하	5,500만원
	수도권 중 과밀억제권역, 세종특별자치시, 용인시, 화성시, 김포시	1억4천5백만원 이하	4,800만원
	광역시(군지역, 과밀억제권역 제외), 안산시, 광주시, 파주시, 이천시, 평택시	8,500만원 이하	2,800만원
	기타 지역	7,500만원 이하	2,500만원

3 최우선변제권의 범위

주택가액(대지의 가액을 포함)의 2분의 1을 넘지 못함

4 소액임차인의 우선변제권 적용배제

- 담보권 설정시기 : 소액임차인의 최우선변제금은 최초 담보물권이 설정될 당시의 규정을 기준으로 함
- 임차권등기 후의 임차인 : 임차권등기가 경료된 경우 그 후에 임차한 임차인은 최우선변제를 받을 수 없음

▶ 임차권등기명령

1 임차권등기명령신청
- 임대차가 종료된 후 보증금을 반환받지 못한 경우
- 임차인 단독으로 임차주택의 소재지를 관할하는 지방법원·지방법원지원 또는 시·군법원에 임차권등기명령을 신청할 수 있음

2 임차권등기의 효력
임차권등기가 경료되면 임차인은 기존에 대항력이 있다면 대항력이 유지되고 대항력이 없다면 대항력 및 우선변제권을 취득함

3 경매에 의한 임차권의 소멸
- 임차주택에 대하여 「민사집행법」에 의한 경매가 행하여진 경우에는 그 임차주택의 경락에 의하여 소멸함
- 보증금이 전액 변제되지 아니한 대항력이 있는 임차권은 소멸하지 않음

4 금융기관 등의 대위신청
금융기관등은 임차인을 대위하여 임차권등기명령을 신청할 수 있음

▶ 임대차기간 및 계약해지

1 임대차기간
- 기간의 정함이 없거나 기간을 2년 미만으로 정한 임대차는 그 기간을 2년으로 봄
- 임차인은 2년 미만으로 정한 기간의 유효함을 주장할 수 있음

2 계약의 해지 통보
- 임대인은 계약기간 만료 6월에서 2월 사이
- 임차인은 계약기간 만료 2월 전

94강 주택임대차보호법(Ⅲ)

▶차임증액의 제한
- 증감 청구할 수 있는 경우 : 차임 또는 보증금이 임차주택에 관한 조세·공과금 기타 부담의 증감이나 경제사정의 변동으로 인하여 상당하지 아니하게 된 때
- 증액 제한
  - 차임 또는 보증금의 증액청구는 약정한 차임등의 20분의 1 금액을 초과하지 못함
  - 증액청구는 임대차계약 또는 약정한 차임등의 증액이 있은 후 1년 이내에는 못함

▶월차임 전환시 산정률의 제한
- 전환되는 금액에 다음 중 낮은 비율을 곱한 월차임의 범위를 초과할 수 없음
- 대통령령으로 정하는 비율로 연 1할
- 한국은행 기준금리에 대통령령으로 정하는 이율을 더한 비율로 2%

▶계약갱신요구
1 계약갱신요구
임대인은 임차인이 계약만료 6개월 전부터 2개월 전까지 계약갱신을 요구할 경우 정당한 사유 없이 거절하지 못함

2 정당한 사유(거절사유)

- 임차인이 2기의 차임액에 해당하는 금액에 이르도록 차임을 연체한 경우
- 임차인이 거짓이나 그 밖의 부정한 방법으로 임차한 경우
- 서로 합의하여 임대인이 임차인에게 상당한 보상을 제공한 경우
- 임차인이 임대인의 동의 없이 목적 주택의 전부 또는 일부를 전대(轉貸)한 경우
- 임차인이 임차한 주택의 전부 또는 일부를 고의나 중대한 과실로 파손한 경우
- 임차한 주택의 전부 또는 일부가 멸실되어 임대차의 목적을 달성하지 못할 경우
- 임대인이 다음의 어느 하나에 해당하는 사유로 목적 주택의 전부 또는 대부분을 철거하거나 재건축하기 위하여 목적 주택의 점유를 회복할 필요가 있는 경우
  - 임대차계약 체결 당시 공사시기 및 소요기간 등을 포함한 철거 또는 재건축계획을 임차인에게 구체적으로 고지하고 그 계획에 따르는 경우
  - 건물이 노후·훼손 또는 일부 멸실되는 등 안전사고의 우려가 있는 경우
  - 다른 법령에 따라 철거 또는 재건축이 이루어지는 경우
- 임대인(임대인의 직계존속·직계비속을 포함)이 목적 주택에 실제 거주하려는 경우
- 그 밖에 임차인이 임차인으로서의 의무를 현저히 위반하거나 임대차를 계속하기 어려운 중대한 사유가 있는 경우

3 계약갱신요구 행사

- 계약갱신요구권을 1회에 한하여 행사할 수 있음. 이 경우 존속기간은 2년으로 봄
- 갱신되는 임대차는 전 임대차와 동일한 조건으로 다시 계약된 것으로 봄
- 차임과 보증금은 이 법이 규정하는 범위 내에서 증감할 수 있음
- 임차인은 갱신된 기간 내에 언제든지 임대인에게 계약해지를 통지할 수 있음
- 해지는 임대인이 그 통지를 받은 날부터 3개월이 지나면 그 효력이 발생함

4 손해배상

- 임대인이 목적 주택에 실제 거주하려는 사유로 갱신을 거절하였음에도 불구하고 갱신요구가 거절되지 아니하였더라면 갱신되었을 기간이 만료되기 전에 정당한 사유 없이 제3자에게 목적 주택을 임대한 경우 임대인은 갱신거절로 인하여 임차인이 입은 손해를 배상하여야 함
- 손해배상액은 합의가 이루어지지 않는 한 다음의 금액 중 큰 금액으로 함
    - 갱신거절 당시 월차임(차임 외에 보증금이 있는 경우에는 그 보증금을 연 10% 또는 한국은행 기준금리에 2%를 더한 비율 중 낮은 비율에 따라 월 단위의 차임으로 전환한 금액을 포함)의 3개월 분에 해당하는 금액
    - 임대인이 제3자에게 임대하여 얻은 환산월차임과 갱신거절 당시 환산월차임 간 차액의 2년분에 해당하는 금액
    - 임대인이 실제 거주할 목적인 갱신거절로 인해 임차인이 입은 손해액

95강 주택임대차보호법(Ⅳ)

▶ 묵시적 갱신

1 묵시적 갱신 의미

(1) 의미 : 계약해지 통보 기간내에 임차인에 대하여 갱신 거절의 통지 또는 조건을 변경하지 아니하거나 갱신하지 아니한다는 뜻의 통지를 하지 아니한 경우 그 기간이 만료된 때에 전임대차와 동일한 조건으로 다시 임대차한 것으로 봄

(2) 존속기간 : 묵시적 갱신의 경우 임대차의 존속기간은 2년으로 봄

2 계약의 해지

- 임차인은 묵시적 갱신 기간에도 계약을 해지할 수 있음
- 그 효력은 해지통보 후 3개월이 지나야 발생함
- 임대인의 경우에는 2년 내에 계약을 해지할 수 없음

▶ 주택임대차위원회

1 위원회의 목적 및 구성

- 소액보증금의 우선변제를 받을 임차인 및 보증금 중 일정액의 범위와 기준을 심의하기 위하여 법무부에 주택임대차위원회를 둠
- 위원회는 위원장 1명을 포함한 9명 이상 15명 이하의 위원으로 구성
- 위원회의 위원장은 법무부 차관이 됨

2 위원의 임기 등

2년으로 함(공무원인 위원의 임기는 그 직위에 재직하는 기간)

3 위원회의 회의

매년 1회 개최되는 정기회의와 위원장이 필요하다고 인정하거나 위원 3분의 1 이상이 요구할 경우에 개최되는 임시회의로 구분(회의는 비공개)

4 전문위원

위원회의 심의사항에 관한 전문적인 조사·연구업무를 수행하기 위하여 5명 이내의 전문위원을 둘 수 있음

96강 주택임대차보호법(Ⅳ)

▶주택임대차분쟁조정위원회

1 주택임대차 분쟁조정위원회의 설치
- 주택임대차와 관련된 분쟁을 심의·조정하기 위하여 대한법률구조공단의 지부에 주택임대차분쟁조정위원회를 둔다.
- 시·도는 그 지방자치단체의 실정을 고려하여 조정위원회를 둘 수 있다.

2 조정위원회의 심의·조정사항
- 차임 또는 보증금의 증감에 관한 분쟁
- 임대차기간에 관한 분쟁
- 보증금 또는 임차주택의 반환에 관한 분쟁
- 임차주택의 유지·수선의무에 관한 분쟁
- 공인중개사 보수 등 비용부담에 관한 분쟁(대통령령)

3 조정위원회의 구성 및 운영
- 구성 : 위원장 1명을 포함하여 5명 이상 30명 이하의 위원으로 구성
- 위원의 임명 또는 위촉권자
  - 공단 조정위원회 위원은 공단 이사장
  - 시·도 조정위원회 위원은 해당 지방자치단체의 장
- 조정위원의 자격 및 구성
  - 주택임대차에 관한 학식과 경험이 풍부한 사람
  - 위원 중 5분의 2 이상은 판사·검사 또는 변호사로 6년 이상 재직한 사람

- 조정위원회의 위원장 : 판사·검사 또는 변호사로 6년 이상 재직한 사람에 해당하는 위원 중에서 위원들이 호선함
- 위원장이 부득이한 사유로 직무를 수행할 수 없는 경우 : 조정위원회 위원장이 미리 지명한 조정위원이 그 직무를 대행함
- 임기 : 조정위원의 임기는 3년으로 하되 연임할 수 있음

4 조정신청의 과정

(1) 조정의 신청 : 주택임대차분쟁의 당사자는 해당 주택이 소재하는 공단 또는 시·도 조정위원회에 분쟁의 조정을 신청할 수 있음

(2) 조정절차

송달 받은 피신청인이 조정에 응하고자 하는 의사를 조정위원회에 통지하면 조정절차가 개시됨

(3) 처리기간
- 조정신청을 받은 날부터 60일 이내에 그 분쟁조정을 마쳐야 함
- 부득이한 사정이 있는 경우 위원회의 의결을 거쳐 30일의 범위에서 기간 연장가능

(4) 조정의 성립
- 조정안을 통지 받은 당사자가 통지 받은 날부터 14일 이내에 수락의 의사를 서면으로 표시하지 아니한 경우 조정을 거부한 것으로 봄
- 당사자가 조정안을 수락한 경우 조정안과 동일한 내용의 합의가 성립된 것으로 봄

97강 상가건물임대차보호법(Ⅰ)

▶**적용범위**

1 사업자 등록신청 대상

2 일정 규모 이하 보증금 (환산보증금 적용 : 100을 곱하여 환산한 금액 적용)

서울특별시	9억원 이하
수도권 중 과밀억제권역, 부산광역시	6억9천만원 이하
광역시(군지역, 과밀억제권역 제외), 세종특별자치시·화성시·용인시·안산시·김포시·광주시, 파주시	5억4천만원 이하
기타 지역	3억7천만원 이하

3 보증금 초과 시에도 일부 규정 적용

- 대항력, 임대인의 지위승계(제3조)
- 계약갱신요구(제10조 제1항, 제2항, 제3항 본문)
- 계약갱신 후 증감청구(제10조의 2)
- 권리금(제10조의3~제10조의7)
- 3기의 차임 연체시 계약해지(제10조의 8)
- 표준계약서 사용(제19조)

▶**대항력과 확정일자**

1 대항력

건물의 인도와 사업자등록을 신청한 때에는 그 다음 날부터

2 확정일자

(1) **확정일자 부여기관 :** 상가건물의 소재지 관할 세무서장

(2) **확정일자부 작성 :** 세무서장은 상가건물의 소재지, 확정일자 부여일, 차임 및 보증금 등을 기재한 확정일자부를 작성하여야 함(전산정보처리조직을 이용할 수 있음)

▶우선변제권의 승계

1 우선변제권의 승계

금융기관 등이 우선변제권을 취득한 임차인의 보증금반환채권을 계약으로 양수한 경우에는 양수한 금액의 범위에서 우선변제권을 승계함

2 금융기관이 우선변제권을 행사할 수 없는 경우

임차인이 대항요건을 상실한 경우, 임차권등기가 말소된 경우

3 임대차 해지 금지

금융기관등은 우선변제권을 행사하기 위하여 임차인을 대리하거나 대위하여 임대차를 해지할 수 없음

▶소액보증금의 보호(최우선변제)

1 소액임차인의 우선변제(최우선변제)

- 순위에 관계없이 일반채권자는 물론 선순위저당권자 등 모든 권리자보다 우선하여 경매절차에서 배당을 받게 되는 것을 의미함
- 대항력을 갖추고 있어야 하며 대항력이 없다면 최우선변제를 받지 못함
  - 확정일자는 최우선변제의 요건이 아님
- 임차인은 건물에 대한 경매신청의 등기 전에 대항요건을 갖추어야 함
- 건물가액의 2분의 1 범위 내 변제

2 소액임차인의 우선변제범위(월차임에 100을 곱하여 환산하여 한 금액)

2014.1.1 ~현재	서울특별시	6,500만원	2,200만원
	수도권 중 과밀억제권역(서울특별시 제외)	5,500만원	1,900만원
	광역시(군지역, 과밀억제권역 제외), 안산시·용인시·김포시·광주시	3,800만원	1,300만원
	기타 지역	3,000만원	1,000만원

▶임대차기간

1 임대차기간의 보호

기간의 정함이 없거나 기간을 1년 미만으로 정한 임대차는 1년으로 보며 임차인은 1년 미만으로 정한 기간이 유효함을 주장할 수 있음

▶계약갱신요구

1 계약갱신 요구

임대인은 임차인이 임대차기간 만료전 6월부터 1월까지 사이에 행하는 계약갱신 요구에 대하여 정당한 사유없이 이를 거절하지 못함

2 계약갱신요구 기간

최초의 임대차기간을 포함하여 10년을 초과하지 않는 범위 내에서만 행사할 수 있음

3 전대차의 경우

임대인의 동의를 받은 전차인은 임차인의 계약갱신요구권 행사기간 범위 내에서 임차인을 대위하여 임대인에게 계약갱신요구권을 행사할 수 있음

4 거절할 수 있는 정당한 사유

- 임차인이 3기의 차임액에 달하도록 차임을 연체한 사실이 있는 경우
- 임차인이 거짓 또는 기타 부정한 방법으로 임차한 경우
- 서로 합의하여 임대인이 임차인에게 상당한 보상을 제공한 경우
- 임차인이 임대인의 동의 없이 목적 건물의 일부 또는 전부를 전대한 경우
- 임차인이 임차한 건물의 전부 또는 일부를 고의 또는 중대한 과실로 파손한 경우
- 임차한 건물의 전부 또는 일부가 멸실되어 임대차의 목적을 달성하지 못할 경우

98강
상가건물임대차보호법(Ⅱ)

- 임대인이 다음의 어느 하나에 해당하는 사유로 목적 건물의 전부 또는 대부분을 철거하거나 재건축하기 위하여 목적 건물의 점유를 회복할 필요가 있는 경우
  - 임대차계약 체결 당시 공사시기 및 소요기간 등을 포함한 철거 또는 재건축계획을 임차인에게 구체적으로 고지하고 그 계획에 따르는 경우
  - 건물이 노후·훼손 또는 일부 멸실되는 등 안전사고의 우려가 있는 경우
  - 다른 법령에 따라 철거 또는 재건축이 이루어지는 경우
- 임차인의 의무를 현저히 위반하거나 임대차를 존속하기 어려운 중대한 사유가 있는 경우

▶묵시적 갱신
- 임대인이 계약갱신요구권 기간 내에 임차인에 대하여 갱신거절의 통지 또는 조건변경에 대한 통지를 하지 아니한 경우
- 그 기간이 만료된 때에 전임대차와 동일한 조건으로 다시 임대차한 것으로 봄
- 임대차의 존속기간은 1년으로 봄

▶권리금

1 권리금의 정의
임대차 목적물인 상가건물에서 영업을 하는 자 또는 영업을 하려는 자가 영업시설·비품, 거래처, 신용, 영업상의 노하우, 상가건물의 위치에 따른 영업상의 이점 등 유형·무형의 재산적 가치의 양도 또는 이용대가로서 임대인, 임차인에게 보증금과 차임 이외에 지급하는 금전 등의 대가

99강 상가건물임대차보호법(Ⅲ)

2 권리금 계약

신규임차인이 되려는 자가 임차인에게 권리금을 지급하기로 하는 계약

3 권리금 회수기회 보호 등

- 임대인은 임대차기간이 끝나기 6개월 전부터 임대차 종료 시까지 권리금계약에 따라 임차인이 주선한 신규임차인이 되려는 자로부터 권리금을 지급받는 것을 방해금지
- 계약갱신요구를 거절할 수 있는 사유에 해당하는 경우에는 제외함

4 금지방해행위 및 계약체결거절사유

(1) 금지되는 방해행위

- 임차인이 주선한 신규임차인이 되려는 자에게 권리금을 요구하거나 임차인이 주선한 신규임차인이 되려는 자로부터 권리금을 수수하는 행위
- 임차인이 주선한 신규임차인이 되려는 자로 하여금 임차인에게 권리금을 지급하지 못하게 하는 행위
- 임차인이 주선한 신규임차인이 되려는 자에게 상가건물에 관한 조세, 공과금, 주변 상가건물의 차임 및 보증금, 그 밖의 부담에 따른 금액에 비추어 현저히 고액의 차임과 보증금을 요구하는 행위
- 그 밖에 정당한 사유 없이 임대인이 임차인이 주선한 신규임차인이 되려는 자와 임대차계약의 체결을 거절하는 행위

(2) 임대차계약의 체결을 거절할 수 있는 사유

- 임차인이 주선한 신규임차인이 되려는 자가 보증금 또는 차임을 지급할 자력이 없는 경우
- 임차인이 주선한 신규임차인이 되려는 자가 임차인으로서의 의무를 위반할 우려가 있거나 그 밖에 임대차를 유지하기 어려운 상당한 사유가 있는 경우
- 상가건물을 1년 6개월 이상 영리목적으로 사용하지 아니한 경우
- 임대인이 선택한 신규임차인이 임차인과 권리금 계약을 체결하고 그 권리금을 지급한 경우

5 손해배상의 청구

- 임대인이 권리금을 지급받는 것을 방해하여 임차인에게 손해를 발생하게 한 때 그 손해를 배상할 책임이 있음
- 그 손해배상액은 신규임차인이 임차인에게 지급하기로 한 권리금과 임대차 종료 당시의 권리금 중 낮은 금액을 넘지 못함
- 손해배상을 청구할 권리는 임대차가 종료한 날부터 3년 이내에 행사하지 아니하면 시효의 완성으로 소멸

6 임차인의 정보제공의무

임차인은 임대인에게 임차인이 주선한 신규임차인이 되려는 자의 보증금 및 차임을 지급할 자력 또는 그 밖에 임차인으로서의 의무를 이행할 의사 및 능력에 관하여 자신이 알고 있는 정보를 제공하여야 함

7 권리금 적용 제외

- 대규모 점포 또는 준대규모 점포의 일부인 경우(전통시장 제외)
- 국유재산 또는 공유재산인 경우

8 표준권리금계약서의 작성 등

국토교통부장관은 법무부장관과 협의하여 권리금 계약을 체결하기 위한 표준권리금계약서를 정하여 그 사용을 권장할 수 있음

9 권리금 평가기준의 고시

국토교통부장관은 권리금에 대한 감정평가의 절차와 방법 등에 관한 기준을 고시할 수 있음

100강 상가건물임대차보호법(Ⅳ)

▶임대차정보의 제공
- 건물의 임대차에 이해관계가 있는 자는 세무서장에게 확정일자 부여일, 차임 및 보증금 등 정보의 제공을 요청할 수 있음
- 요청을 받은 세무서장은 정당한 사유 없이 이를 거부할 수 없음
- 임대차계약을 체결하려는 자는 임대인의 동의를 받아 세무서장에게 정보제공을 요청할 수 있음

▶임차권등기명령

1 임차권등기명령신청
- 임대차가 종료된 후 보증금을 반환받지 못한 경우
- 금융기관 등의 대위신청 : 금융기관등은 임차인을 대위하여 임차권등기명령을 신청할 수 있음

▶차임증액제한 및 계약의 해지

1 차임증액의 제한
- 증액청구는 약정한 차임 등의 <u>100분의 5</u>의 금액을 초과하지 못함
- 증액청구는 임대차계약 또는 약정한 차임 등의 증액이 있은 후 1년 이내에는 이를 하지 못함

2 차임연체와 해지
임차인의 차임 연체액이 3기의 차임액에 달하는 때에는 임대인은 계약을 해지할 수 있음

▶월차임 전환시 산정률의 제한 및 표준임대차 계약서

1 월차임 전환시 산정률의 제한

- 전환되는 금액에 다음 중 낮은 비율을 곱한 월차임의 범위를 초과할 수 없음
- 대통령령으로 정하는 비율로 연 1할 2푼
- 한국은행 기준금리에 대통령령으로 정하는 배수를 곱한 비율로 4.5배

2 표준계약서의 작성 등

법무부장관은 국토교통부장관과 협의를 거쳐 보증금, 차임액, 임대차기간, 수선비 분담 등의 내용이 기재된 상가건물임대차표준계약서를 정하여 그 사용을 권장할 수 있음

▶상가임대차 분쟁조정위원회

1 분쟁조정위원회의 설치

- 이 법의 적용을 받는 상가건물 임대차와 관련된 분쟁을 심의·조정하기 위하여 대한법률구조공단의 지부에 상가건물임대차 분쟁조정위원회를 둔다.
- 특별시, 광역시, 특별자치시, 도 및 특별자치도는 그 지방자치단체의 실정을 고려하여 조정위원회를 둘 수 있다.

2 심의 및 조정사항

- 차임 또는 보증금의 증감에 관한 분쟁
- 임대차기간에 관한 분쟁
- 보증금 또는 임차상가건물의 반환에 관한분쟁
- 임차상가건물의 유지·수선의무에 관한 분쟁
- 권리금에 관한 분쟁
- 그 밖에 대통령령으로 정하는 상가건물 임대차에 관한 분쟁

101강 기타 부동산 거래 관련법규

▶농지법

1 농지소유상한

(1) **상속에 의하여 농지** : 농업경영을 하지 아니하는 자는 그 상속 농지중에서 1만 제곱미터 이내의 것에 한하여 이를 소유

(2) **8년 이상 농업경영을 한 후 이농** : 이농 당시의 소유농지 중에서 1만 제곱미터 이내의 것에 한하여 소유

(3) **주말·체험영농** : 1천 제곱미터 미만의 농지에 한하여 이를 소유
 - 세대원 전부가 소유하는 총면적

2 농지취득자격증명

(1) **발급 받는 곳** : 농지 소재지 관할 시장·구청장·읍장 또는 면장 (시·구·읍·면장)

(2) **발급 받아야 하는 경우** : 주말·체험영농을 하고자 농지를 취득하는 경우, 농지전용허가를 받은 농지를 취득하는 경우 – 농업경영계획서는 제출하지 않음

(3) **발급 받지 않는 경우**

- **상속**(상속인에게 한 유증을 포함)**에 의하여 농지를 취득하여 소유하는 경우**
- 농지전협의를 완료한 농지를 소유하는 경우

▶기타 거래 규제제도

1 사립학교법

학교법인이 그 기본재산을 매도·증여·교환 또는 용도변경하거나 담보에 제공하고자 할 때 또는 의무의 부담이나 권리의 포기를 하고자 할 때에는 관할청의 허가를 받아야 함

제6장 부동산거래 관련 제도 205

2 향교재산법

향교재단이 부동산을 처분 또는 담보에 제공하고자 할 때 시·도지사의 허가를 받아야 함

3 전통사찰보존 및 지원에 관한 법률

- 전통사찰의 주지가 부동산의 대여 또는 담보의 제공을 하고자 할 때 시·도지사의 허가를 받아야 함
- 전통사찰의 주지가 부동산의 양도하고자 할 때는 문화체육관광부장관의 허가를 받아야 함
- 허가신청시 소속대표단체의 대표자의 승인서를 첨부하여야 함

4 국유재산법, 공유재산 및 물품관리법

- 국·공유 재산에 관한 사무에 종사하는 직원의 국·공유 재산의 취득 금지(무효)

부동산 경매 및 공매

102강 경매제도(Ⅰ)

▶ 경매제도

1 강제경매

- 법원에서 채무자의 부동산을 압류, 매각하여 그 대금으로 금전채권의 변제에 충당하는 절차(집행권원이 있어야)
- 집행권원 : 집행력 있는 판결문 정본, 확정된 지급명령 등

2 임의경매

저당권, 전세권, 질권, 담보가등기에 기한 경매로 약정한 기일까지 변제하지 않았을 경우 특정재산을 매각하여 담보권자에게 채권을 회수하게 하는 경매

▶ 새매각과 재매각

1 새매각

- 유찰 또는 매각불허가 된 경우에 새로운 매각기일을 정하여 실시되는 경매
- 저감 여부
  - 유찰 : 20% 정도 저감
  - 매각불허가 : 저감이 되지 않음

2 재매각

- 대금을 납부하지 않은 경우 다시 매각을 실시
- 저감 여부 : 저감되지 않음

▶권리분석

1 당연말소등기(소멸주의)

- 소멸주의 : 기존 권리들이 매각으로 인해 모두 소멸되는 것을 말함
- 당연소멸되는 권리 : 경매신청 등기, 저당권 등기, 담보가등기, 가압류 등기, 배당요구한 전세권 등기
- 가등기 : 담보가등기는 소멸되나 보전가등기는 소멸안됨

2 매수자에게 인수되는 권리(인수권리)

- 인수권리 : 당연 말소권리보다 앞선 지상권, 지역권, 전세권, 환매등기, 임차권등기, 대항력 갖춘 임차권 등
- 항상 인수권리 : 유치권, 법정지상권, 분묘기지권

3 경매 배당순위

- 0순위 : 경매비용 및 제3취득자의 필요비·유익비
- 1순위 : 주택·상가의 소액임차인 및 최종 3월분의 임금 및 3년간 퇴직금
- 2순위 : 당해세(목적물 국세 및 지방세)
- 3순위 : 담보물권, 확정일자 임차인 등 순위에 의해 배당
- 4순위 : 위 1순위의 임금 및 퇴직금을 제외한 임금 및 퇴직금
- 5순위 : 각종 공과금
- 6순위 : 일반채권

▶배당요구를 하지 않아도 배당을 받을 수 있는 채권자

- 경매를 신청한 압류채권자
- 첫 경매개시결정등기 전에 등기된 가압류채권자
- 경매등기 전에 등기한 저당권, 임차권, 전세권, 가등기담보권, 체납처분에 의한 압류권자 등

103강
경매제도(Ⅱ)

▶배당요구의 종기까지 반드시 배당요구를 하여야 할 채권자
- 주임법 및 상임법상 최우선변제 임차인
- 주임법 및 상입법상 확정일자 임차인
- 근로자의 임금 및 퇴직금 채권자 등
- 첫 경매개시결정등기 후에 등기한 권리자

▶입찰방법

1 기일입찰
- 기일을 정하여 그 기일에 입찰을 실시하는 방법
- 1기일 2회 입찰제 : 응찰자가 없는 경우 경매절차를 취소하고 저감없이 오후에 다시 입찰

2 기간입찰 : 1주일 이상 1개월 이내의 입찰기간을 정해 그 일정한 기간을 중심으로 실시하는 입찰방식

3 호가경매 : 입찰기일에 입찰자가 가격을 호창하여 최고가를 결정하는 제도

▶부동산공매

1 국세징수법에 의한 공매
「국세징수법」상 체납처분된 국세의 압류와 압류된 부동산의 처분으로 공매권자는 국가 또는 지지체임

2 자산관리공사에 의한 공매
자산관리공사에 의해 유입재산의 처분 또는 수탁재산의 위탁매각하는 공매를 말함

104강 법원경매 절차

▶경매절차

1 법원경매의 진행

경매신청 및 경매개시결정(등기) → 배당요구 종기 결정 및 공고 → 매각준비 → 매각 및 매각결정기일 지정·공고·통지 → 매각실시 → 매각허부 결정 → 매각대금납부 → 배당 → 소유권이전등기 촉탁 → 인도명령

2 법원경매 참가절차

(1) **매각기일 공고** : 매각기일 2주전 까지 공고

(2) **매각물건 명세서 등의 열람** : 매각기일 1주 전까지 민사과 비치

(3) **대상물 조사** : 대상물건에 대한 권리분석

(4) **입찰참가여부 결정** : 권리분석 결과 여부를 결정

3 입찰참가

참여에는 원칙적으로 제한 없음

★ **경매에 참가할 수 없는 자**
- 집행관과 감정인 및 그 친족(4촌 이내), 경매법원을 구성하는 법관, 법원 직원
- 재매각에 있어서 전 매수자
- 채무자(강제경매에서 부동산의 소유자)
- 경매 관련 죄로 유죄판결을 받고 판결확정일로부터 2년이 경과되지 아니한 자

4 기일입찰 진행과정

입찰표 작성 및 매수신청 보증금(최저매각가격의 10%)

5 최고가 및 차순위 매수신고인 결정

(1) **최고가 매수인** : 최고가격으로 써낸 사람

(2) **차순위매수신고인** : 최고가 매수신고액에서 보증금을 뺀 금액을 넘는 매수신고인

6 매각기일 결정과 대금 납부

(1) 매각결정 : 매각기일로부터 1주일 이내

(2) 매각대금 납부 : 매각허가결정이 확정된 때 대금납부 기한 정함

7 인도명령

대금완납일로부터 후 6월 이내

▶ **총 칙**

1 매수신청대리권의 범위

- 「민사집행법」에 따른 매수신청 보증의 제공
- 입찰표의 작성 및 제출
- 「민사집행법」에 따른 차순위매수신고
- 「민사집행법」에 따라 매수신청의 보증을 돌려 줄 것을 신청하는 행위
- 「민사집행법」에 따른 공유자의 우선매수신고
- 구 「임대주택법」에 따른 임차인의 임대주택 우선매수신고
- 공유자 또는 임차인의 우선매수신고에 따른 차순위매수신고인의 지위포기행위

2 대리 대상물

- 토지
- 건축물 그 밖의 토지의 정착물
- 입목, 광업재단, 공장재단

105강
매수신청 대리
대법원 규칙(Ⅰ)

▶ 매수신청대리등록 등

1 등록하는 곳
중개사무소가 있는 곳을 관할하는 지방법원의 장

2 등록요건
- 법인인 개업공인중개사이거나 공인중개사인 개업공인중개사일 것
- 부동산경매에 관한 실무교육을 이수하였을 것
- 규칙의 규정에 의한 보증보험 또는 공제에 가입하였거나 공탁을 하였을 것

3 등 록
지방법원장은 14일 안에 종별에 따라 구분하여 등록을 하여야 함

4 등록의 결격사유
- 매수신청대리인 등록이 취소된 후 3년이 지나지 아니한 자
  - 중개업의 폐업신고로 인한 등록취소인 경우를 제외
- 「민사집행법」제108조 제4호에 해당하는 자
  - 민사집행절차에서 「형법」상 위반행위로 확정판결을 받은 후 2년이 경과되지 않은 자
- 매수신청대리 업무정지처분을 받고 「공인중개사법」에 의한 폐업신고를 한 자로서 업무정지기간이 경과되지 아니한 자
- 매수신청대리업무정지처분을 받은 개업공인중개사인 법인의 업무정지의 사유가 발생한 당시의 사원 또는 임원이었던 자로서 당해 개업공인중개사에 대한 업무정지기간이 경과되지 아니한 자
- 위의 어느 하나에 해당하는 자가 사원 또는 임원으로 있는 법인인 개업공인중개사

5 행정정보의 제공요청

(1) **요청권자** : 법원행정처장
(2) **요청기관** : 국토교통부장관, 시장·군수·구청장 또는 협회
(3) **요청내용** : 공인중개사의 당해 행정정보의 제공 등
(4) **응할 의무** : 요청을 받은 기관은 정당한 사유가 없는 한 이에 응하여야 함

6 등록증 등의 게시

개업공인중개사는 등록증, 매수신청대리보수 요율표, 보증설정을 증명할 수 있는 서류를 당해 중개사무소 안의 보기 쉬운 곳에 게시하여야 함

7 경매실무교육

(1) **교육대상** : 매수신청대리인 등록을 하고자 하는 자(법인의 경우 대표자)
(2) **교육시기 및 기관** : 등록신청일 전 1년 안에 법원행정처장이 지정하는 교육기관
(3) **교육의 면제** : 폐업신고 후 1년 안에 다시 등록신청을 하고자 하는 자는 면제됨
(4) **지정받을 수 있는 교육기관**
  - 대학 또는 전문대학으로서 부동산관련학과가 개설된 학교
  - 공인중개사협회
(5) **교육시간** : 32시간 이상 44시간 이내

8 손해배상책임의 보장을 위한 업무보증 설정

(1) **손해배상 요건** : 고의 또는 과실
(2) **보증설정** : 매수신청대리인이 되고자 하는 개업공인중개사는 보증보험 또는 협회 공제에 가입하거나 공탁을 하여야 함

106강 매수신청 대리 대법원 규칙(Ⅱ)

(3) 보증금액
- 중개법인 : 4억원 이상. 분사무소마다 2억원 이상을 추가로 설정
- 공인중개사 : 2억원 이상

9 공제사업

(1) 공제사업의 범위 : 공인중개사협회는 매수신청대리에 따른 개업공인중개사의 손해배상책임을 보장하기 위하여 공제사업을 할 수 있음

(2) 공제규정의 제정 : 공제사업을 하고자 할 때 공제규정을 제정하여 법원행정처장의 승인을 얻어야 하며, 공제규정을 변경하고자 하는 때에도 승인받아야 함

▶매수신청 대리행위

1 대리권을 증명하는 문서제출

- 대리행위마다 대리권을 증명하는 문서를 제출하여야 함
  - 본인의 인감증명서가 첨부된 위임장과 대리인등록증 사본 등
  - 같은 날 같은 장소에서 대리행위를 동시에 하는 경우 하나의 서면으로 갈음
- 문서는 매 사건마다, 개별매각의 경우에는 매 물건번호마다 제출하여야 함
- 법인의 경우 대표자의 자격을 증명하는 문서를 추가로 제출하여야 함
- 매각장소 또는 집행법원에 직접 출석하여야 함(법인의 경우 대표자가 직접 출석)

2 사건카드

(1) 사건카드의 작성 보존 : 개업공인중개사는 매수신청대리 사건카드를 비치
- 보수액 등을 기재하고 서명날인
- 5년간 보존

(2) 인장 사용 : 서명·날인에는 「중개사법」에 의한 등록한 인장을 사용하여야 함

3 매수신청대리 대상물의 확인·설명

(1) 확인·설명 방법 : 매수신청대리를 위임받은 경우 위임인에게 성실·정확하게 설명하고 등기사항증명서 등 설명의 근거자료를 제시하여야 함

(2) 확인·설명 내용
- 당해 매수신청대리 대상물의 표시 및 권리관계
- 법령의 규정에 따른 제한사항
- 대상물의 경제적 가치
- 대상물에 관한 소유권을 취득함에 따라 부담·인수하여야 할 권리 등 사항

4 확인·설명서의 작성 및 보관
- 개업공인중개사는 위임계약을 체결한 경우 확인·설명 사항을 서면으로 작성하여 서명·날인한 후 위임인에게 교부하여야 함
- 확인·설명서 사본을 사건카드에 철하여 5년간 보존하여야 함
- 서명·날인에는 「공인중개사법」에 의해 등록한 인장을 사용하여야 함

▶ 매수신청대리보수

1 매수신청대리보수의 설명
- 개업공인중개사는 매수신청대리에 관하여 위임인으로부터 예규에서 정한 보수요율의 범위 안에서 소정의 보수를 받음
- 보수 이외의 명목으로 돈 또는 물건을 받거나 예규에서 정한 보수를 초과하여 받아서는 아니 됨
- 개업공인중개사는 보수 요율과 보수에 대하여 이를 위임인에게 위임계약 전에 설명하여야 함

107강
매수신청 대리 대법원 규칙(Ⅲ)

2 보수의 지급시기

약정에 따르며 약정이 없는 경우 매각대금의 지급기한일로 함

3 영수증의 작성·교부

- 예규에서 정한 서식에 의한 영수증을 작성하여 서명·날인한 후 위임인에게 교부하여야 함
- 서명·날인에는 법 제16조의 규정에 따라 등록한 인장을 사용하여야 함

4 실비

매수신청대리 대상물의 권리관계 등의 확인 또는 매수신청대리의 실행과 관련하여 발생하는 실비를 받을 수 있음

▶개업공인중개사의 의무

1 신의성실과 비밀준수의무, 질서유지의무

(1) **신의성실의무** : 신의와 성실로써 공정하게 매수신청대리업무를 수행하여야 함

(2) **비밀준수의무** : 다른 법률에서 특별한 규정이 있는 경우를 제외하고는 그 업무상 알게 된 비밀을 누설하여서는 아니 됨 – 그 업무를 떠난 경우에도 같음

(3) **질서유지의무** : 매각절차의 적정과 매각장소의 질서유지를 위하여 「민사집행법」의 규정 및 집행관의 명령에 따라야 함

2 대리업의 휴업 및 폐업신고의무

- 3월을 초과하여 매수신청대리업을 휴업하고자 하는 때 감독법원에 미리 신고하여야 함. 휴업은 6월을 초과할 수 없음
- 매수신청대리업을 재개하고자 하는 때, 휴업기간을 변경하는 때 감독법원에 미리 신고하여야 함
- 매수신청대리업을 폐업하고자 하는 때 감독법원에 미리 신고하여야 함

3 신고의무

- 사유가 발생한 날로부터 10일 안에 지방법원장에게 신고하여야 함
- 중개사무소를 이전한 경우
- 중개업을 휴업 또는 폐업한 경우
- 공인중개사 자격이 취소된 경우
- 공인중개사 자격이 정지된 경우
- 중개사무소 개설등록이 취소된 경우
- 중개업무가 정지된 경우
- 분사무소를 설치한 경우

4 금지행위

- 이중으로 매수신청대리인 등록신청을 하는 행위
- 매수신청대리인이 된 사건에 있어서 매수신청인으로서 매수신청을 하는 행위
- 동일 부동산에 대하여 이해관계가 다른 2인 이상의 대리인이 되는 행위
- 명의대여를 하거나 등록증을 대여 또는 양도하는 행위
- 다른 개업공인중개사의 명의를 사용하는 행위
- 「형법」제315조에 규정된 경매·입찰방해죄에 해당하는 행위
- 사건카드 또는 확인·설명서에 허위기재하거나 필수적 기재사항을 누락하는 행위

▶지도·감독

1 법원행정처장의 지도·감독

매수신청대리업무에 관하여 협회를 감독함

2 지방법원장의 지도·감독

매수신청대리업무에 관하여 관할 안에 있는 협회의 시·도지부와 매수신청대리 등록을 한 개업공인중개사를 감독함

108강
매수신청 대리
대법원 규칙(Ⅳ)

3 협회의 통지의무

협회는 등록사항 등을 통보 받은 후 10일 이내에 법원행정처장에게 통지하여야 함

4 등록취소

(1) 절대적 등록취소 : 지방법원장은 등록을 취소하여야 함
- 중개업등록의 결격사유 가운데 어느 하나에 해당하는 경우
- 중개업의 폐업신고를 한 경우
- 공인중개사자격이 취소된 경우
- 중개사무소 개설등록이 취소된 경우
- 등록 당시 매수신청대리인의 등록요건을 갖추지 않았던 경우
- 등록 당시 매수신청대리인의 결격사유가 있었던 경우

(2) 상대적 등록취소(절대업무정지) : 지방법원장은 등록을 취소할 수 있음
- 등록 후 매수신청대리인의 등록요건을 갖추지 못하게 된 경우
- 등록 후 매수신청대리인의 결격사유가 있게 된 경우
- 사건카드를 작성하지 아니하거나 보존하지 아니한 경우
- 매수신청대리 대상물의 확인·설명서를 교부하지 아니하거나 보존하지 아니한 경우
- 보수 이외의 명목으로 보수를 받은 경우, 예규에서 정한 보수를 초과하여 받은 경우, 보수의 영수증을 교부하지 아니한 경우
- 비밀준수의무를 위반한 경우
- 집행관의 명령위반한 경우
- 매수신청대리의 금지행위를 위반한 경우
- 감독상의 명령이나 중개사무소의 출입, 조사 또는 검사에 대하여 기피, 거부 또는 방해하거나 거짓으로 보고 또는 제출한 경우
  - 상대 업무정지
- 최근 1년 안에 이 규칙에 따라 2회 이상 업무정지처분을 받고 다시 업무정지처분에 해당하는 행위를 한 경우

5 업무정지

(1) 절대적 업무정지 : 지방법원장은 업무를 정지하는 처분을 하여야 함
- 휴업하였을 경우
- 공인중개사자격을 정지당한 경우
- 중개업의 업무의 정지를 당한 경우
- 상대등록취소사유에 해당하는 경우(지도·감독상 명령 불응 제외)

(2) 업무정지기간 : 업무정지기간은 1월 이상 2년 이하로 함

6 행정처분의 절차

(1) 의견진술기회 부여 : 지방법원장은 등록취소, 업무정지처분을 하고자 하는 때 10일 이상의 기간을 정하여 개업공인중개사에게 구술 또는 서면에 의한 의견진술의 기회를 주어야 함

(2) 등록증 반납 : 매수신청대리인 등록이 취소된 자는 등록증을 처분을 받은 날로부터 7일 안에 관할 지방법원장에게 반납

7 명칭의 표시 등

(1) "법원"의 명칭이나 휘장 등을 표시금지

개업공인중개사는 그 사무소의 명칭이나 간판에 고유한 지명 등 법원행정처장이 인정하는 특별한 경우를 제외하고는 법원의 명칭이나 휘장 등을 표시하여서는 아니 됨

(2) 간판 제거 및 표시
- 등록이 취소된 때 : 사무실 내·외부에 매수신청대리업무에 관한 표시 등을 제거
- 업무정지처분을 받은 때 : 업무정지사실을 당해 중개사사무소의 출입문에 표시

시험장에서 눈을 의심할 만큼, 진가를 합격으로 확인하세요

정가 16,000원

경록 공인중개사 에센스 노트
③ 2차 공인중개사법령및중개실무

발 행	2025년 1월 10일
인 쇄	2024년 7월 18일
연 대	최초 부동산학 연구논문에서부터 현재까지 (1957년 원전 ~ 현재)
편 저	경록 공인중개사 교재편찬위원회, 신한부동산연구소 편
발 행 자	이 성 태 / 李 星 兌
발 행 처	경록 / 景鹿
주 소	서울시 강남구 영동대로 114길 7 (삼성동 91-24) 경록메인홀
문 의	02)3453-3993 / 02)3453-3546
홈페이지	www.kyungrok.com
팩 스	02)556-7008
등 록	제16-496호
ISBN	979-11-93559-50-5 14320

대표전화 1544-3589

이 책의 무단전재·복제를 금함

이 책은 저작권법에 의해 저작권이 보호됩니다. 무단전재 및 복제행위는 이 법 제136조에 의해 5년 이하의 징역 또는 5,000만원 이하의 벌금에 처하거나 병과(倂科)할 수 있습니다.

개정법령 및 정오사항 등은 경록 홈페이지에서 서비스됩니다.

26년연속99% 독보적 정답률

대한민국 1등 교재
optimization test

시험최적화 대한민국 1등 교재
(100인의 부동산학 대학교수진, 2021)

최초로 부동산학을 정립한 부동산학의
모태(원조)로서 부동산전문교육
1위 인증(한국부동산학회)

대한민국 부동산교육 공헌대상(한국부동산학회)
4차산업혁명대상(대한민국 국회)
고객만족대상(교육부)
고객감동 1위(중앙일보)
고객만족 1위(조선일보)
고객감동경영 1위(한국경제)
한국소비자만족도 1위(동아일보) 등 석권

부동산전문교육 67년 전통과 노하우